DISEÑO DE UNA RECICLADORA DE PET

DISEÑO DE UNA RECICLADORA DE PET
Estrategias y Cadena de Suministro para su Formulación

Uriel Humberto Durán Flores

Número de Control de la Biblioteca del Congreso de EE. UU.:   2013916078
ISBN: Tapa Dura   978-1-4633-6551-6
                  Tapa Blanda   978-1-4633-6550-9
                  Libro Electrónico   978-1-4633-6549-3

Para realizar pedidos de este libro, contacte con:
Palibrio LLC
1663 Liberty Drive
Suite 200
Bloomington, IN 47403
Gratis desde EE. UU. al 877.407.5847
Gratis desde México al 01.800.288.2243
Gratis desde España al 900.866.949
Desde otro país al +1.812.671.9757
Fax: 01.812.355.1576
ventas@palibrio.com
493418

ÍNDICE

Dedicatoria

En toda mi profesional he recibido apoyo de cualquier tipo, moral, motivacional, económico, social, académico y de equipo. Gracias a todos estos apoyos he podido alcanzar una meta más que me propuse, el cual fue publicar un libro. Antes que nada agradezco a Dios, por ser el Creador de todo lo que existe en este planeta. Le agradezco por acompañarme hasta la fecha, no solo con mis logros profesionales, también en los familiares y confío plenamente en que me seguirá apoyando y bendiciendo a futuro.

Mi primera dedicatoria es para mi Madre, por ser un gran apoyo para mi persona, por educarme, inculcarme valores, por enseñarme a ser responsable y comprometido, a que nunca debo rendirme y que no puedo demostrar incapacidad para realizar las cosas, por heredarme parte de su inteligencia que me ha ayudado a alcanzar mis metas y contar con su respaldo como ambas figuras paternas. Te agradezco todo tu apoyo y comprensión.

Mi siguiente dedicatoria es para mi hermano, Ricardo Javier Durán Flores, hoy que no estás en persona junto a mí, sé que desde el Cielo me cuidas y apoyas con tus bendiciones. Te quiero mucho hermano y siempre te llevaré en mis pensamientos, mi memoria y mi corazón. Mi última dedicatoria es para dos personas que ahora enlazan mi vida con mayor valor, mi esposa Rocío y mi hijo Ángel Uriel, ustedes dos forman parte de mi desarrollo personal y representan una motivación más en mi vida para continuar planteándome nuevos retos y objetivos. Les dedico esta publicación como un ejemplo de que no debemos abandonar nuestros sueños y que debemos hacer todo lo posible por lograr que se conviertan en una realidad. Los quiero y espero seguir contando con todo su apoyo en mis nuevos retos futuros.

Presentación

El presente libro se ha realizado para funcionar como guía a los emprendedores interesados en iniciar un negocio en el sector de reciclaje, particularmente el de reciclaje de botellas de plástico PET. Se proporciona información que difícilmente se encuentra en México, ya que existen amplias barreras de entrada y centralización de la información.

La formulación de un proyecto de inversión debe partir inicialmente de un análisis estratégico, donde se estudia el mercado, la capacidad productiva del negocio y la rentabilidad que puede tener en función de las estrategias del modelo de negocio. En el presente libro se emplean herramientas de la planeación estratégica y se combina con aspectos logísticos que pueden enriquecer un nuevo proyecto. La cadena de suministro del mercado del reciclaje parte de flujos inversos o también conocido como logística inversa, es por ello que el lector podrá ver una propuesta de diseño de formulación de negocio basada en la combinación de herramientas de planeación estratégica con herramientas logísticas cuyo objetivo es generar valor al nuevo proyecto.

El planteamiento del modelo estratégico y logístico presentado en el libro, es resultado de más de 2 años de investigación profesional y que con ayuda de herramientas de ingeniería industrial y la investigación de operaciones, se logró obtener una propuesta de formulación estratégica para crear una empresa de reciclaje.

El libro está compuesto de cinco capítulos, el capítulo uno consiste en introducir al lector de forma breve y concisa a conocer los diferentes tipos de polímeros que existen y que son reciclados actualmente, así como conocer el concepto y aplicaciones del reciclaje. El capítulo dos, se enfoca a los distintos procesos de fabricación o transformación de las botellas de PET que son recicladas y mostrar algunas de las empresas más importantes del sector que se encuentran en México.

El capítulo tres, se enfoca a una descripción del mercado de la resina virgen del PET, así como de la resina reciclada, sus principales usos y aplicaciones industriales. Así mismo, identifica como funciona la cadena de suministro actual de este sector. El capítulo cuatro, consiste en desglosar las principales problemáticas que en la actualidad se viven en el mercado del reciclaje de PET. En estas problemáticas se manejan cifras estadísticas sobre impactos que ocasionan que este mercado no pueda ser impulsado y generar mayor competitividad a nivel nacional e internacional.

Finalmente el capítulo cinco, reúne los puntos más importantes de la investigación realizada por más de dos años. Plantea una propuesta de modelo estratégico para la formulación de una nueva empresa de reciclaje de PET, describiendo las estrategias fundamentales que le pueden generar valor a la concepción del nuevo proyecto.

En México existe la gran oportunidad de emprender negocios en el reciclaje de plásticos, sólo basta proporcionar información cuyo objetivo es realizar una toma de decisión correcta para emprendedores y microempresarios dedicados a trabajar en este mercado. Hagamos consciencia y empecemos a obtener una cultura de reciclaje que nos beneficie a todos.

Capítulo I

Los Polímeros y el Reciclaje.

El presente capitulo contiene una introducción a los polímeros y su clasificación, entendiendo que aplicaciones pueden derivar dependiendo de sus diversos procesos de transformación. Posteriormente se introduce el tema del reciclaje, en México es fundamental iniciar un cambio cultural para aprovechar materiales que pueden ser transformados en nuevos insumos.

1.1 Los polímeros y su clasificación.

Los polímeros están firmemente establecidos como principales materias primas para la industria de cualquier sector. Sin embargo, una de las principales desventajas que representan es que generan grandes cantidades de residuos que son potencialmente valiosos para el reciclado y la regeneración. Los polímeros se pueden dividir en tres grupos principales: termoplásticos, elastómeros (o termofraguantes) y resinas termoendurecibles.

Los Termofraguantes se forman mediante calor con o sin presión, obteniéndose un producto permanentemente duro, al añadirle más calor a algunas sustancias químicas, experimentan el fenómeno conocido como Polimerización. Esto significa que ese material no podrá ser reblandecido nuevamente. Los Termoplásticos se ablandan al calentarse, por lo que pueden ser moldeados y enfriados para obtener la forma deseada. En principio, este proceso puede repetirse muchas veces y permite la reutilización de desechos de productos. El PET al ser termoplástico puede ser reprocesado.

Los plásticos más comunes para la reutilización son seis, llamados "Comodities", y se les identifica con un número dentro de un triángulo a los efectos de facilitar su clasificación para el reciclado

PET	PEAD	PVC	PEBD	PP	PS	OTROS
Polietileno Tereftalato	Polietileno de Alta Densidad	Poli cloruro de vinilo	Polietileno de Baja Densidad	Polipropileno	Poliestireno	

El PET es ampliamente utilizado en aplicaciones tan diversas como fibras textiles, películas, botellas y otros productos moldeados. La mayoría es para la producción de fibras sintéticas (por encima del 60%) y la producción de botellas que representa alrededor del 30% de la demanda mundial. Su descubrimiento fue patentado como un polímero para fibra por J. R. Whinfield y J. T. Dickinson en 1941.

Las materias primas para producir PET son el etileno y el paraxileno (PX), los cuales a su vez, se utilizan para producir etilenglicol (EG) y ácido tereftálico, (TPA) respectivamente. Cuando éstos se hacen reaccionar entre sí bajo ciertas condiciones producen la resina PET. Las principales ventajas de este material son su precio, poco peso, facilidad de ser soplado en casi cualquier molde, entre otras características.

1.2 El Reciclaje.

El reciclaje de cualquier material es importante para eliminar los residuos sólidos que contaminan al Medio Ambiente. Así mismo, el reciclaje trata de aprovechar la "Basura", en productos útiles para un aprovechamiento posterior. The Global Environmental Management Initiative (Iniciativa GEMI) en México, (2002), señala que la contaminación es simplemente material que no logró convertirse en producto terminado. La conclusión entonces es lógica e inmediata, si se atacan las ineficiencias se reduce la contaminación y se gana en competitividad.

El reciclaje es un aspecto importante dentro de la cadena de suministro de las empresas de reciclaje en el país, entender bien este concepto ayudará a la adecuada recolección de la materia prima que se desee obtener. En México existen algunas asociaciones civiles que fomentan la cultura de reciclaje, algunas de estas asociaciones son:

- APREPET, A.C., Asociación para Promover el Reciclaje del PET.
- ANIPAC, Asociación Nacional de Industrias del Plástico, A.C.
- AMEE, Asociación Mexicana de Envase y Embalaje.
- CICEANA, Centro de Información y Comunicación Ambiental de Norteamérica.
- ECOCE, A.C. Ecología y Compromiso Empresarial, A.C.
- EPA, Environment Protection Agency.
- SUSTENTA, Compromiso Empresarial para el Manejo Integral de Residuos Sólidos.
- INARE A.C., Instituto Nacional de Recicladores.

El éxito que ha tenido el PET en México se debe en gran parte a que en este país el consumo per cápita de los mexicanos supera los 119 litros por persona al año, colocando a México en el tercer lugar mundial en el consumo de refrescos. Esto se debe a que los refrescos forman parte de la dieta de los mexicanos, puesto que la leche resulta más costosa. Por ejemplo en el Distrito Federal, un litro de leche cuesta entre $11.50 y $15.00 pesos por litro, mientras que una botella de refresco de 2 a 3 litros cuesta entre $11.00 y $12.00 pesos, es decir, que el litro de refresco oscila entre los $5.00 y $6.00 pesos. De acuerdo a la Encuesta Nacional de Ingresos y Gastos en los Hogares (ENIGH), las familias mexicanas gastan en promedio $211 pesos mensuales en refresco y $135 pesos mensuales en agua embotellada y es por esto que se calcula que en 2007 se utilizaron 16.8 millones de toneladas de PET como envase para bebidas. Si consideramos que para una botella de 2 litros de refresco se utilizan tan sólo 35 gramos, estaríamos hablando de 480 mil millones de botellas, una cifra extraordinaria.

Respecto a la tasa de recolección del PET, Ecología y Compromiso Empresarial A.C., reporta que a nivel nacional se recuperó alrededor del 38.9% en 2011 y el 38.7% para 2012. Lo que representa que poco más del 60% está en potencial de recuperación. La misma asociación reporta que México es el país líder para procesar las botellas PET de grado alimenticio en nuevas materias primas o productos transformados para un nuevo uso,

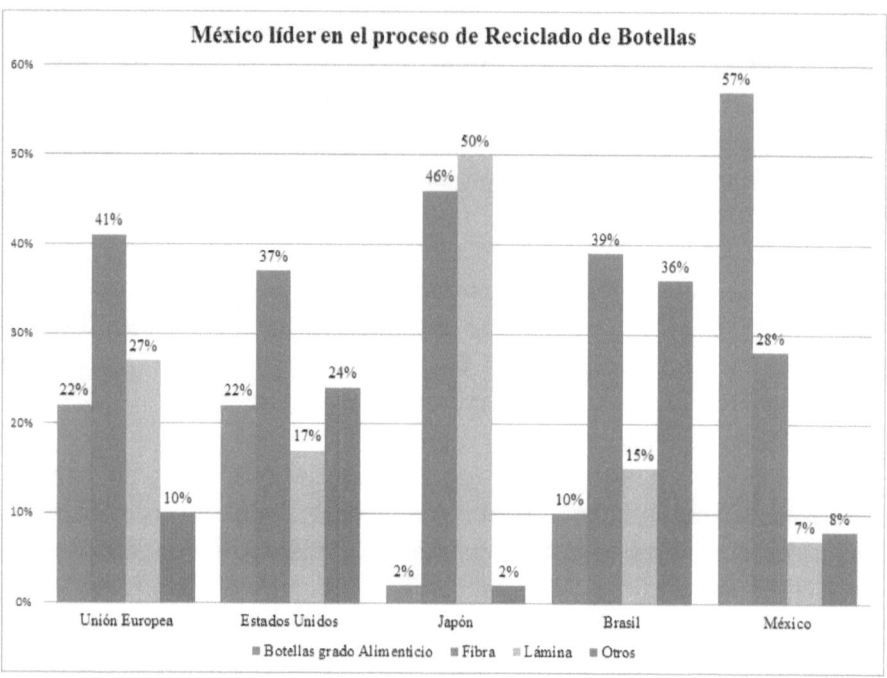

El grafico anterior representa las grandes oportunidades para reciclar botellas PET en México, crear clústeres industriales de este sector, generar impulso económico, participar en el PIB Nacional, creación de nuevos empleos y darle un valor agregado como nación frente al resto del mundo.

El reciclaje también se debe conceptualizar como la recuperación de materiales con amplias posibilidades de uso para la fabricación de otros productos, y para esto se debe entender que los insumos se encuentran en la "Basura"; sin embargo, el concepto más apropiado debiera ser "Residuos"; ya que un residuo, se debe entender como cualquier producto, objeto o sustancia generada a partir de la actividad humana de la que su poseedor se desprende, bien porque ya no sirve para el uso por el que se creó, o porque se agotó su vida útil.

Adaptando este concepto al ambiente del reciclaje, el residuo es cualquier insumo generado a partir de la actividad humana, el cual puede volver a usarse para convertirse en un nuevo producto de utilidad. En México, existe una clasificación de residuos, como son: residuos sólidos urbanos, residuos de manejo especial o peligroso, orgánico e inorgánico.

En la cadena de suministro se debe contemplar esta clasificación en el bloque inicial donde empieza la cadena, ya que incluye la obtención y el manejo del residuo que va a circular dentro de la misma. Para la recicladora, estos residuos se limitan única y exclusivamente al PET, el cual es un tipo de plástico. Sin embargo, dentro de la basura o residuos se manejan porcentajes de plásticos y no exclusivamente del PET, por lo que se debe concretar cuáles son aquellos materiales plásticos que se pueden reutilizar conociendo que el 95% de ellos se pueden reciclar; por tal motivo se deben identificar los residuos sólidos generados. A continuación se muestra una representación gráfica de la generación de residuos del año 2000 al 2012 con base a cifras del INEGI.

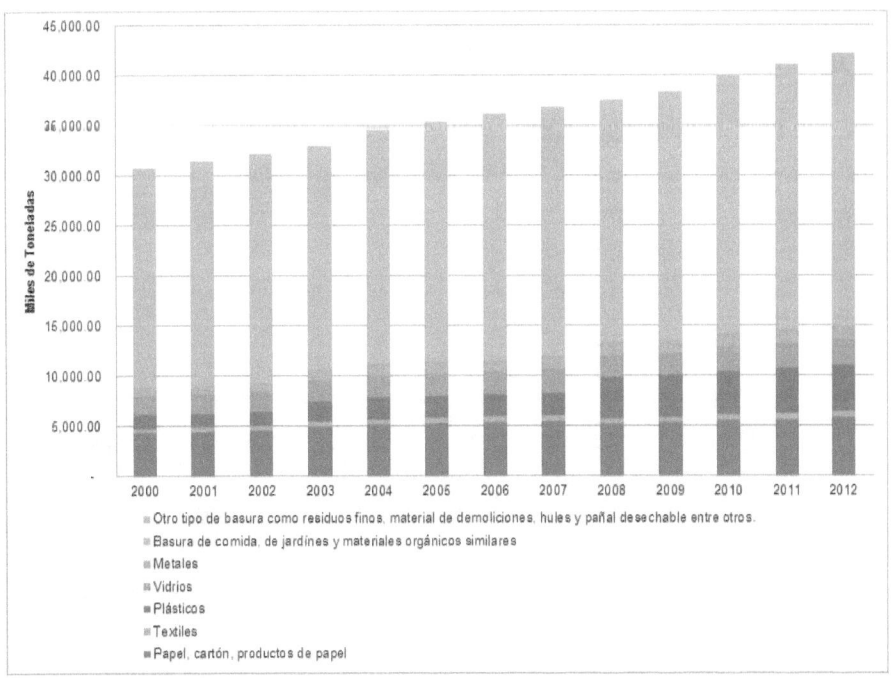

Finalmente otro aspecto a considerar en el reciclaje, son las condiciones físicas de los materiales que se obtienen de rellenos o tiraderos, ya que fundamentalmente se encuentra: agua, materia combustible y materiales inertes, de la siguiente forma:

- La cantidad de agua puede oscilar entre el 25% y el 60%.
- La de materia combustible varía entre el 15% y el 50%.
- Los materiales inertes suponen entre el 15% y el 40%.

Esto provoca otro análisis más dentro de la cadena de suministro para el momento de la recolección del insumo que dará vida al proceso productivo dentro de la recicladora. Por tal motivo, el concepto de las "4R" (Reducir, Reusar, Reciclar y la Recompra), cabe perfectamente en la cadena, ya que estas 4 estrategias pueden definir el camino a seguir de la misma, minimizando la contaminación de los materiales.

PRIMERA "R", REDUCIR.

Se refiere a cambiar nuestros hábitos de consumo, es decir si estamos acostumbrados a comprar más de lo que consumimos, lo recomendable es comprar sólo lo esencial, pues generalmente los sobrantes se tiran a la basura. Cuando compramos un producto y lo sacamos de su empaque o su envase, estos se vuelven basura. Así mismo, es recomendable utilizar los duraderos y no comprar desechables. Al disminuir el consumo excesivo de productos mejoramos nuestra economía.

REDUCIR es:

- Evitar los excesos de empaquetado y embalaje.
- Disminuir el peso, volumen y toxicidad en envases y embalajes de los productos que consumimos diariamente,
- Usar de nuevo un objeto con otro fin distinto al que se compró,
- Reducir el consumo de energía, agua, materiales y productos tóxicos.
- Minimizar la compra de productos de "usar y tirar".

SEGUNDA "R", REUSAR / REUTILIZAR.

Es usar nuevamente todos los objetos que generalmente se van a la basura o adaptarlos como sustitutos de otros objetos que podemos necesitar. Por ejemplo, algunos recipientes de plástico se pueden convertir en macetas, cajas para lápices, botones, clips y hasta en alhajeros si lo decoramos. Lo importante es, no desperdiciar aquello que ha costado a la naturaleza y al hombre en términos de cultivo, cosecha, transporte, manufactura y envasado.

REUSAR/REUTILIZAR es:

* Darle la máxima utilidad a las cosas sin necesidad de destruirlas o deshacernos de ellas, ahorrando la energía que se hubiera destinado para hacer dicho producto.

TERCERA "R", RECICLAR.

Muchos de los materiales de los que están hechos los productos y envases pueden volver a ser usados si se separan en lugar de tirarlos. Por ejemplo, plásticos, papeles, cartones pueden ser reciclados (siempre y cuando no se hayan mezclado con la basura orgánica), así mismo, vidrio, latas de metal y aluminio así como, baterías de automóvil, etcétera. Existen centros de acopio, en donde estos materiales pueden ser comprados.

CUARTA "R", RECOMPRA.

Consiste en consumir productos hechos preferentemente de materiales reciclados.

Capítulo II

Procesos de Fabricación y Composición de Empresas en México.

2.1 Procesos de Fabricación del RPET

El RPET (PET reciclado), tiene tres tipos de procesos de transformación, en México el más empleado es el Reciclaje Mecánico. La inversión promedio fluctúa dependiendo del tipo de negocio a instalar. Para un centro de acopio puede ser desde $500,000 hasta $2,000,000 de pesos. Para una planta de molienda entre $1,100,000 y $3,500,000 pesos y para una planta de reciclaje desde $2,500,000 hasta 30,000,000 de pesos; generando empleos directos desde 4 hasta 30 personas.

Dentro del reciclado hay tres maneras de aprovechar los envases de PET una vez que terminó su vida útil: someterlos a un reciclado mecánico, a un reciclado químico, o a un reciclado energético empleándolos como fuente de energía. El **Reciclaje Mecánico,** Es la técnica más utilizada en la actualidad, consiste en la molienda, separación y lavado de los envases.

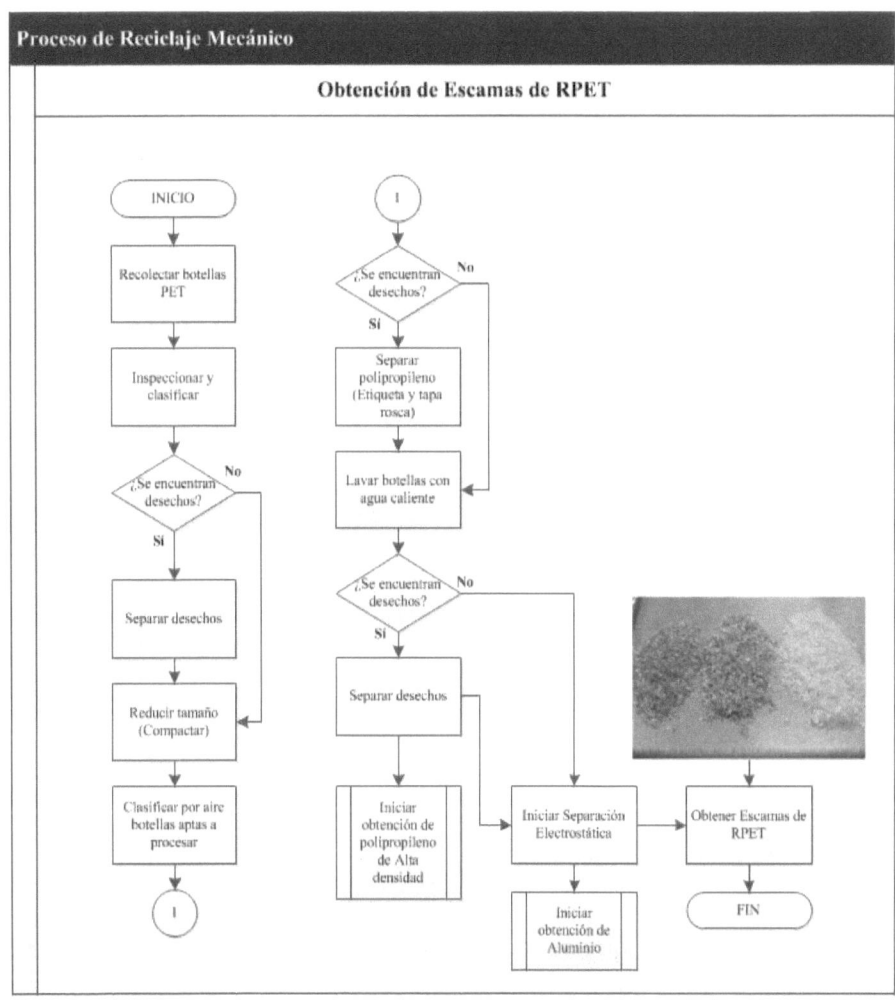

El **Reciclaje Químico,** consiste en la separación de los componentes básicos de la resina y la síntesis de nueva materia virgen, permite el ahorro de gas y petróleo. Existen varios procesos, como son: metanólisis, glicólisis e hidrólisis.

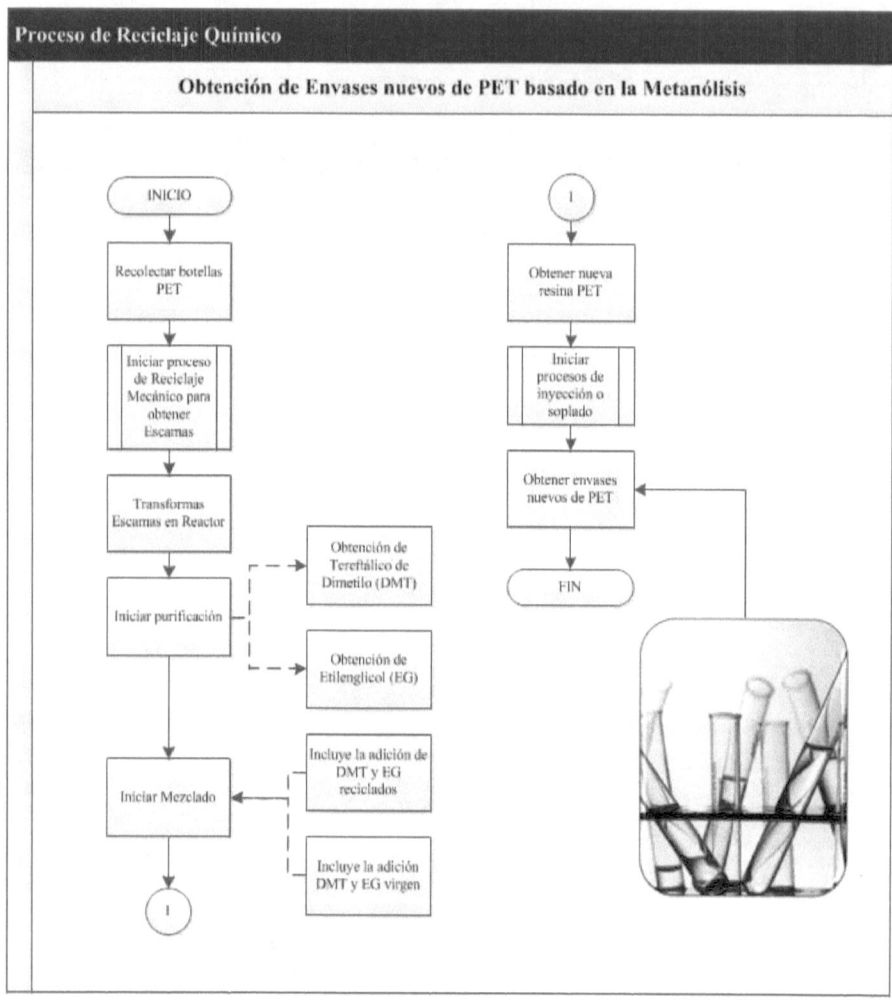

La glicólisis utiliza equipos de producción industrial en una planta para obtener una ruta a través de un reactor de esterificación y una dilución del mismo, todos los equipos tienen una capacidad máxima de 20,000 kg. Cuando la glicólisis se lleva a cabo utilizando el etilenglicol (EG) o propilenglicol (PG) los oligómeros obtenidos pueden ser utilizados en la síntesis de poliésteres no saturados (UP) por reacción con anhídrido maléico. Este proceso tiene dos claras ventajas. La primera es que los residuos de PET se convierten en un comercial producto con valor agregado, y la segunda es la producción del ácido tereftálico (TPA) basado en resinas.

Para determinar cuál de estos métodos son convenientes a elegir, va a depender de la magnitud de la empresa, así como su estrategia de mercado, esta será una de las razones a evaluar dentro del proyecto de instalación de la recicladora. La Asociación para Promover el Reciclaje de PET, (APREPET A.C.), identifica algunas diferencias significativas de estos procesos:

Concepto	Reciclado Mecánico	Reciclado Químico (Glicólisis)	Reciclado Químico (Metanólisis)
Calidad del Desperdicio	Alta	Moderado	Muy Alto
Costo de Operación	Bajo	Moderado	Alto
Calidad en Producción	Moderado	Alta	"Resina Virgen"
Amplitud del Mercado	Reducido	Amplios	Todos

Tabla 1.1 Deferencias en los Procesos de Reciclaje.
Fuente: APREPET A.C.

Los procesos de reciclaje químico son cada vez más empleados en México, como procesos que agregan valor a la transformación de botellas PET provenientes de fuentes de residuos a la producción de nuevas botellas vírgenes, esta tecnología es conocida como "B2B" que significa "bottle to bottle" o botella por botella. Un ejemplo de tecnología mexicana que fue desarrollada por capital intelectual nacional se encuentra en la Universidad Ibero, donde se ha patentado la tecnología Afinity, la cual produce resina PET virgen derivada de residuos. Actualmente esta tecnología es utilizada con fines académicos, pero puede ser empleada para producir volúmenes a escala industrial.

El último proceso de fabricación es el **Reciclaje Energético**, esta alternativa se aplica en varios países extranjeros como Suiza y Holanda. El PET es un polímero que está formado por átomos de Carbono e Hidrógeno, por lo cual al ser quemado se produce dióxido de carbono y agua (CO_2 + H_2O) con desprendimiento de energía.

Este proceso permite dar asistencia a escuelas, asilos y sectores de menores recursos para complementar su calefacción y agua caliente.

2.2 Empresas de Reciclaje en México.

En México existe una amplia gama de empresas dedicadas al reciclaje de PET, desafortunadamente muchas de ellas son empresas informales, además pocas de ellas mantienen más de 1 año de operación, por lo que es difícil poder censar la cantidad exacta de estas empresas. Conforme datos del censo económico 2009 de INEGI, para el periodo 2008, existían en México 80,922 unidades económicas o establecimientos que se dedican al sector de reciclaje en general, (esto incluye el reciclaje de papel, cartón, metal, vidrio, plásticos, etcétera.), lo que involucra que el personal ocupado en este mercado a nivel nacional sea de 1,365,509 personas, una cifra que pueda quedar corta considerando que muchos datos estadísticos del censo son omitidos por barreras de entrada de información de los mismos establecimientos que se dedican a este sector de mercado.

En el caso del PET, ECOCE A.C. indica que entre 2011 y 2012 de lo acopiado en México, entre el 52% y 55% se emplea en el mercado interno, mientras que entre el 45% y 48% se exporta a países como China, Estados Unidos o la India. Los competidores forman parte importante del desempeño estratégico y funcionamiento de la cadena de suministro de una nueva recicladora de PET. Esto debido, a que es el material que más se puede aprovechar y se encuentra en mayor volumen dentro de los residuos sólidos municipales, ya que ECOCE menciona que se encuentra del 7% al 10% en este rubro y del 1.5% al 2% en peso. Por tal razón las empresas existentes en México dedicadas a este mercado deben ser analizadas para determinar el nicho con nuevos productos con los que se puede competir.

Empresa	Ubicación	Descripción	Proceso de Reciclado
Voridian México	Cosoleacaque, Veracruz	Es una división de Eastman Chemical Company, que es la empresa líder a nivel mundial en la producción de PET para el mercado de empaque y embalaje. La planta produce PET con capacidad de 140 mil toneladas anuales.	Reciclaje Químico
Grupo Mossi y Ghisolfi de México	Altamira, Tamaulipas	De capital italiano, esta empresa produce PET para empaque y embalaje alimenticio. Cuenta con capacidad de 400 mil toneladas al año. Hay que destacar que esta empresa no se dedica a la fabricación de resina para botella, su mercado es sólo el de embalaje y participa con el reciclaje químico con una resina que se vende a Estados Unidos y que se mezcla en 10% con resina virgen para empaques de grado alimenticio.	Reciclaje Químico
Industria Mexicana de Reciclaje (IMER)	Toluca, Estado de México.	Coca-Cola de México, Coca-Cola Femsa y Alpla, crearon la planta de reciclaje IMER en 2005. Cuenta con capacidad de 25 mil toneladas anuales.	Reciclaje Químico.
Promotora Ambiental (PASA) – Avangard	Diversos puntos a nivel nacional.	Cotiza dentro de la Bolsa Mexicana de Valores, se dedican a la recolección de residuos industriales, comerciales y domiciliarios. Cuentan con estaciones de transferencia y rellenos sanitarios propios. A inicios de 2009 inauguraron su primera planta de reciclaje llamada PETSTAR.	Reciclaje Químico.
Tecnología de Reciclaje S.A. de C.V.	Tecámac, Estado de México.	Transforma alrededor de 1,000 toneladas al mes de desechos de PET. Cuentan con tres procesos de transformación, el primero es el denominado "planta de hojuela", con producción aproximada de 800 toneladas al mes. El segundo proceso es el de "Fibra", con producción aproximada de 700 toneladas mensuales. El último proceso donde se producen cerca de 120 toneladas cada mes, es el de "telas punzonadas o geotextiles no tejidos", que combinan propiedades físicas, mecánicas e hidráulicas, con el objetivo de realzar las propiedades requeridas del suelo.	Reciclaje Mecánico
Transpac México S.A. de C.V.	Torreón, Durango, Ciudad de México.	Tienen capacidad instalada para comercializar 15,000 toneladas de materiales reciclados mensuales. Cuenta con 4 Centros de Acopio propios y tiene alianzas con otros 4 más en la zona metropolitana de la Cd. de México y el interior del país.	Reciclaje Mecánico

Capítulo III

Mercado del RPET y el Sistema Logístico de Recolección Actual.

El siguiente capítulo se enfoca a los factores que influyen en la recolección del insumo, los actores que intervienen en la cadena de suministro del reciclaje. Así mismo, se menciona el mercado de polímeros y del RPET, sus características y consideraciones futuras. Adicionalmente se integran temas como el IPC y la creación de un clúster de reciclaje, modelo de asociación que puede generar un alto valor agregado para impulsar el reciclaje de PET en México.

3.1 El Mercado del PET "Virgen".

El consumo del PET representa realizar un análisis de la resina virgen antes de comprender el segmento de la resina reciclada. Conforme la Asociación Nacional de Bebidas Refrescantes (ANBER), según la Matriz Insumo Producto 2003 por cada punto directo del PIB de la industria de bebidas refrescantes se genera indirectamente 3,3 puntos en el resto de la economía nacional. Por lo tanto, podemos decir que esta industria da cuenta directa e indirectamente de 2.7% del PIB nacional. Estas cifras son importantes para observar como la industria generadora de resina PET, con aplicaciones en envase crece, lo que ocasiona más residuos sólidos urbanos.

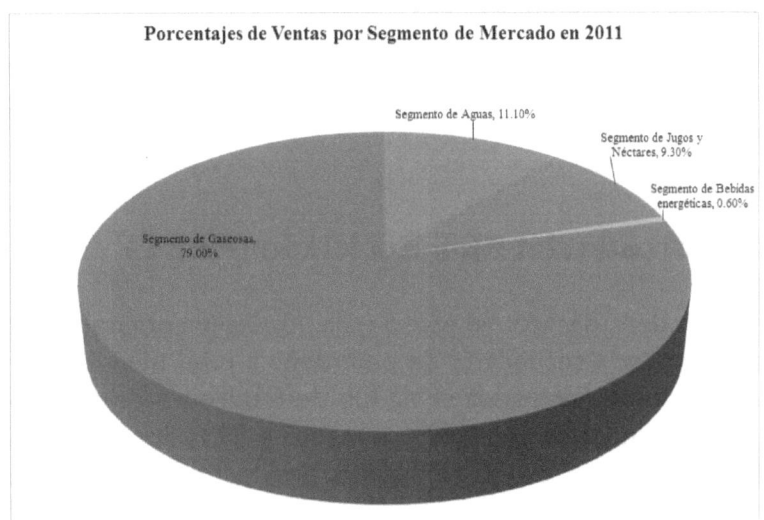

Por otra parte, el volumen de producción de botellas oscila en promedio de 1,003,328,705 botellas por mes, considerando el periodo Enero 2012 a Mayo 2013. Lo anterior incluye la fabricación de botellas desde 1/8 de litro hasta botellones de 30 litros, (también se incluye la fabricación de preformas), lo que representa en valor un promedio de $1,054,618,647 pesos mensual.

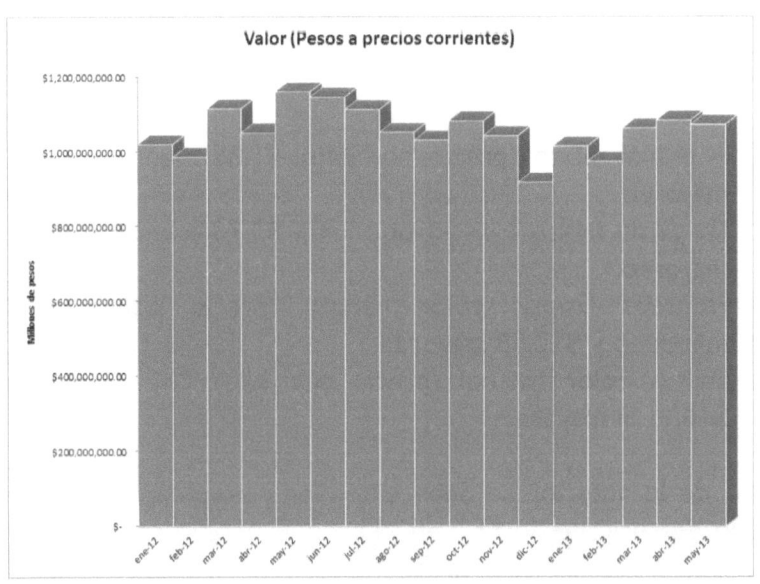

México es el segundo consumidor de PET en el mundo, sólo detrás de Estados Unidos con un consumo per cápita de 225 botellas al año por cada mexicano, siendo el envasado de refresco la principal aplicación industrial.

3.2 El Mercado del PET Reciclado (RPET)

A principios de la década del nuevo milenio, China compraba cerca del 80% de la materia secundaria de polímeros a nivel mundial a precios extraordinarios. La demanda china fue de 6 millones de toneladas de polímeros secundarios en 1999 y aumentó a 99 millones en 2002, sin embargo, en la actualidad ya se exporta alrededor de un 50% del PET acopiado en México. De acuerdo a Recimex, asociación civil dedicada a la capacitación y asesoría en negocios de reciclaje, indica que China ha puesto nuevas restricciones en la importación de pacas de materiales a reciclar, particularmente por la gran cantidad de basura que se encontraba en ellas.

Los precios del PET presentan constante volatilidad, ya que el sector del reciclaje es en su mayoría informal, al no estar regulado, hay variaciones de precios por entidad federativa, municipio, delegación e incluso por colonia. Además de variaciones de precio internacional, la oferta y demanda del mercado, la calidad del producto, etcétera. En abril de 2013 los precios eran de:

- A granel mixto (precio por kilo), $1.88 menudeo y $4.03 al mayoreo.
- En pacas mixto (precio por kilo), $3.76 menudeo y $6.44 al mayoreo.
- Hojuelas limpias color natural (precio por kilo), $7.25 menudeo y $12.08 mayoreo.
- Pellets color natural (precio por kilo), $12.08 menudeo y $16.11 al mayoreo.

A pesar de lo anterior se debe entender y conocer la situación del mercado de reciclaje de PET en México. El acopio no siempre es un buen negocio, algunas razones son:

- Los plásticos ante la globalidad y como derivados del petróleo, tienen en su valor una influencia importante de precios internacionales.
- En México no hay suficiente demanda nacional de productos con materiales reciclados.
- El recuperar los residuos de envases de PET y darles un tratamiento para reciclarlos, en ciertos períodos tiene un costo más alto, que el precio al que se pueden vender a nivel nacional o internacional.
- Nadie sabe cuándo se retirarán los actores SPOT (oportunistas intermediarios no industriales).

Los principales productos del RPET, (con base a NAPCOR, 2004), son:

- Fibra Poliéster, 54.50%
- Envases para Alimentos, 14.40%
- Correas, 13.20%
- Contenedores, 7.20%
- Hojas y Films, 6.60%
- Resina, 1.40%
- Otros, 2.70%

Esta información nos permite ver que el principal uso del PET reciclado, conocido como RPET, se enfoca al uso de fibra poliéster. A esta clasificación se le conoce como segmento de mercado. El consumo total de plásticos en 2006 fue de 4'650,000 toneladas, de los cuales 3'980,000 toneladas corresponden a los Plásticos Comodities, donde se recicló alrededor del 5.8% de los desechos consumidos ese año.

Esto significa que en promedio se han acumulado en la basura en los últimos 10 años cerca de 40 millones de toneladas de envases plásticos y alrededor de 20 de desechos que provienen de computadoras, enseres domésticos, juguetes, muebles y artículos para el hogar. El PET presenta la mayor tasa de reciclaje, pero los esfuerzos siguen siendo insuficientes para su recolección. Otro mercado de gran interés es la lámina de PET para termoformado de diversos tipos de recipientes. Plásticos del Futuro (PLAFUSA) e Industrias Plásticas Internacionales (IPISA), son empresas ejemplo de este sector. La lámina es un producto que puede producirse con material de desperdicio industrial y post-consumo. En México, también se importa lámina y productos elaborados con PET principalmente para el sector de restaurantes de comida rápida, por lo que también tiene un amplio potencial de crecimiento la producción de esta línea de productos.

Otro mercado que no se ha explotado es el de la construcción. Sin embargo, el esfuerzo consiste en la combinación con políticas industriales y oficiales y que la gente tenga conciencia en separar el PET. Actualmente están entrando empresas ante la posibilidad de hacer reciclado de botella a botella, con la visión de entrar al mercado cervecero.

Tan sólo de enero de 2006 a diciembre de 2007 el crecimiento en el mercado mundial de PET pasó de 4 a 9%. Lo que se espera es que el precio asiático sea el que marque los precios globales. El crecimiento en botellas de agua será de 7%, aunque hay quienes lo ven en un 9% anual. Existen varios segmentos que representan una oportunidad para México.

3.3 Cadena de Suministro Actual del RPET.

En México hay tres tipos de sitios para la disposición final de desechos: el basurero a cielo abierto sin ningún control; el basurero controlado, que es un banco de materiales donde se compacta y cubre la basura con tierra; y el relleno sanitario, obra de ingeniería con sistemas de captación de biogás y lixiviados (líquidos producto de la basura orgánica). Según reportes de autoridades estatales, recabados por la Secretaría de Medio Ambiente (SEMARNAT), existen 650 tiraderos a cielo abierto y alrededor de 200 sitios controlados, de los cuales sólo nueve casi cubren el cumplimiento de la norma ambiental: Monterrey, Torreón, Tlalnepantla, Mérida, Querétaro, Nuevo Laredo, San Juan del Río, Nogales y Durango.

El resto de las entidades federativas no han realizado la adecuada selección del sitio, diseño, construcción, operación, monitoreo, clausura y obras complementarias de un sitio de disposición final de residuos sólidos urbanos y de manejo especial, que exige la NOM-083-SEMARNAT-2003, por lo que corren el riesgo de padecer conflictos logísticos y sociales derivados de un mal tratamiento de su basura. En todo el país el 63% de los desechos a nivel nacional se generan en la zona centro, integrada por los estados de: Aguascalientes, Colima, Guanajuato, Hidalgo, Jalisco, México, Michoacán, Morelos, Puebla, Querétaro, Tlaxcala, Veracruz y el Distrito Federal.

La actividad del reciclaje implica varias etapas. La **primera etapa**, se lleva a cabo a través de la "pepena"; actividad que consiste en personas que llevan a cabo la recuperación de materiales que se pueden transformar de los residuos, para posteriormente venderlos a intermediarios o centros de acopio y obtener ingresos directamente de dicha actividad.

Existe también la recolección efectuada por personal de los camiones de basura, la efectuada por programas escolares, y la de contenedores ubicados en sitios públicos por delegaciones o municipios. La **segunda etapa**, se realiza en centros de acopio. Las actividades son:

- La separación por características de los materiales, los cuales vienen revueltos;
- La limpieza;
- La compactación, para manejar mayor cantidad de material y ocupar menos espacio;
- La trituración, para materiales como el plástico.

La **tercera etapa,** se realiza por estos mismos centros, dependiendo de su capacidad. Sin embargo, este almacenamiento dura poco tiempo. La **cuarta etapa**, es uno de los problemas más importantes del reciclaje, debido a las grandes distancias que en ocasiones se tienen que cubrir entre los centros de acopio y las industrias procesadoras. En esta etapa, los materiales con poco peso como son los plásticos, si no son compactados o amarrados, su costo de transporte es elevado. La **quinta etapa**, consiste en preparar a los materiales reciclados a cumplir con ciertas especificaciones que se requieren en el proceso, para fabricar productos de consumo final. En este proceso se requiere un porcentaje de materia virgen.

Mapa de Interacción de Proceso		
Proceso Previo	Acopio	Proceso Posterior

Acopio:
- Recepción y pesaje de botellas
- Separación y Limpieza
- Compactado de Botellas
- Elaboración de Pacas
- Distribución de Pacas

Proceso Previo:
- Recolección de Botellas

Proceso Posterior:
- Proceso de Reciclaje Mecánico o Químico
- Obtención de hojuelas o pellets
- Manufactura de Nuevos Productos

Este es uno de los aspectos importantes a evaluar para el desarrollo de propuesta de instalación de la nueva recicladora. ECOCE ha promovido la creación de 17 plantas procesadoras de residuos, con las cuales se cubre prácticamente el 100% de la República Mexicana. Sus Plantas de Procesamiento de Residuos de Envases de PET, abreviados PREP´s. tienen un radio de acción de aproximadamente 200 km. Se ubican en: Tijuana, Hermosillo, Ciudad Juárez, Culiacán, Torreón, Monterrey, San Luis Potosí, Altamira, Guadalajara, Querétaro,

Xalostoc en el Estado de México, Acapulco, Jalapa, Oaxaca, Chiapas, Mérida y Cancún.

Además de ECOCE, existen otros organismos encargados de la recolección de PET y otros materiales a nivel nacional, se trata de Promotora Ambiental - AVANGARD. APREPET, A.C., y el INARE, A.C., quien otorga información estadística y realiza ferias de tecnología para preparar a las empresas ante los requerimientos del mercado.

3.4 El IPC Sustentable.

En México existe el mercado bursátil y uno de los indicadores más representativos es el IPC (Índice de Precios y Cotizaciones). Sin embargo, considerando las nuevas tendencias de mercado y aspectos sociales y ambientales, se creó en 2012 el IPC Sustentable, que es el primer producto de la nueva familia de índices que la Bolsa Mexicana de Valores creó para dar seguimiento al mercado social y ambiental, dada la importancia que ha cobrado la sostenibilidad a nivel internacional.

Este índice está dirigido a seguir el comportamiento bursátil de aquellas emisoras mexicanas que tienen programas sustentables con estándares internacionales. De igual forma, dentro de su segmento en el mercado accionario, éste nuevo indicador cuenta con las características de ser representativo por el nivel de emisoras que lo componen y de ser invertible por la liquidez que caracteriza a sus componentes.

El requisito de las empresas para poder calificar en este IPC es contar con un mínimo de 30% de acciones flotantes y/o un valor de capitalización flotado igual o mayor a 10 mil millones de pesos.

El objetivo para la creación de este índice es:

- Incentivar la incorporación de procesos sustentables y socialmente responsables en las prácticas de las empresas mexicanas listadas en BMV.

- Dar proyección internacional a aquellas empresas mexicanas cuyas prácticas en materia de sustentabilidad cumplen con estándares internacionales.
- Posicionar a la Bolsa dentro de las tendencias internacionales en materia de sustentabilidad.

Ofrecer un vehículo de inversión referenciado al índice para aquellos inversionistas interesados en dar seguimiento a las empresas sustentables.

El IPC sustentable es importante para nuestro país porque se incorporan en una tendencia mundial de alta trascendencia. Los procesos sustentables son indicativos de avances en la mejora del medio ambiente y de gobierno corporativo, los cuales cada vez tienen mayor importancia porque significan también mejores controles en la gestión de las empresas.

El IPC sustentable representa una plataforma para que las empresas de reciclaje por naturaleza puedan cotizar en Bolsa. Para ello previamente se deberá formalizar el sector, crear estrategias de pago de impuestos, impulsar el mercado, promover la cultura del reciclaje y para poder cumplir con todo lo listado se deben formular proyectos de formulación que cuenten con estrategias logísticas innovadoras para generar rentabilidad en el proyecto y marcar una nueva forma de hacer negocio en México.

3.5 Modelos de Asociacionismo que pueden generar una oportunidad al Reciclaje.

El asociacionismo empresarial surge principalmente como una alternativa para las PYMES y pequeños productores que no disponen de los recursos suficientes para cubrir de manera independiente sus necesidades de formación, promoción, aplicación de nuevas tecnologías, etcétera, ya que por su escala se encuentran por si solas en desventaja frente a los grandes grupos empresariales, siendo este modelo una de las alternativas que se ofrecen para que no desaparezcan y que puedan ser realmente competitivas dentro del mercado en el cual se desarrollan.

La creación de agrupaciones para aspectos muy puntuales, como es el caso de algunos que se agrupan exclusivamente para desarrollar conjuntamente la función de aprovisionamiento, creando centrales de compra que les permiten aprovechar las economías de escala producidas al comprar un volumen mayor de existencias y reducir costos logísticos.

Se puede conceptualizar que el asociacionismo será la unión de estrategias y políticas empresariales para la obtención de determinados objetivos concretos. La cooperación empresarial es la fórmula organizativa dentro de las asociaciones de empresas, por la cual dos o más empresas, sin perder su personalidad jurídica, establecen voluntaria y recíprocamente el compartir algún recurso y/o conocimiento de tipo tecnológico, comercial o financiero con el objeto de desarrollar una estrategia que redunde en ventajas competitivas para los cooperadores.

La cooperación implica considerar a los proveedores, clientes y competidores como posibles aliados y como fuente de información. Los vínculos de cooperación, en ocasiones, se establecen por medio de acuerdos contractuales. Por medio de los acuerdos de cooperación la rivalidad entre competidores da paso a cierto grado de cooperación, sin que la primera desaparezca del todo. Esta cooperación permite aumentar la competitividad de las empresas participantes.

Existen diversos modelos de asociacionismo, algunos de estos son:

- Alianzas estratégicas.
- Cooperativas.
- Empresas integradoras.
- Joint Ventures.
- Uniones de crédito.
- Asociación por participación.

3.5.1 Alianzas Estratégicas.

Las alianzas estratégicas pequeñas y medianas de alto crecimiento prosperarán mediante enlaces estratégicos con corporaciones más grandes y destacadas. Estas sociedades brindan probados beneficios mutuos tanto para las empresas pequeñas como para las empresas más grandes, a las cuales proveen una rápida innovación, y acceso al más eficaz y efectivo.

Las pequeñas empresas necesitan mercados globales, un fuerte financiamiento, que las firmas grandes pueden proveer. Por supuesto, las empresas establecidas no son las únicas fuentes de talento para las corporaciones grandes que buscan socios, también pueden encontrarse inventores e innovadores prometedores en las universidades, en laboratorios nacionales de investigación y en comunidades o incubadoras de pequeñas empresas.

3.5.2 Empresas Integradoras

Una empresa integradora, se define como una empresa de servicios especializados que asocia personas físicas y morales, productoras, comerciales o de servicios, preferentemente de escala micro, pequeña y mediana, con el objeto de elevar la competitividad y consolidar su presencia en el mercado nacional e incrementar su participación en las exportaciones.

Estas empresas están encargadas de prestar servicios calificados a sus asociados y de realizar gestiones y promociones orientadas a modernizar y ampliar su participación; teniendo los siguientes objetivos:

- Lograr mayor capacidad de negociación en los mercados de materias primas, insumos, tecnología, productos terminados y financieros.
- Consolidar su presencia en el mercado interno e incrementar su participación en el de exportación.
- Fomentar la especialización de las empresas en productos y procesos que cuenten con ventajas competitivas.
- Generar economías de escala.

El número de empresas mínimo para conformar una empresa integradora es la alianza de 4 empresas, el máximo es ilimitado. Las integrantes aportan el capital de la empresa integradora. Esas empresas deben ser micro, mediana o pequeñas empresas, aunque también se ha autorizado que una empresa grande se involucre desde el principio en la constitución de la empresa integradora.

Las empresas integradoras van a unir a empresas, que pueden ser de distintos orígenes, es decir:

- Mismo giro.
- De giros complementarios.
- De giros múltiples.

Una importante tarea es la de realizar una planeación estratégica regional de mediano y largo plazo, en donde se involucren a todos los agentes económicos, para el cumplimiento de las metas. Pero también se presentan algunas limitantes, tales como:

- No pueden realizar ninguna parte del proceso productivo que involucre la actividad de sus asociadas;
- No está facultada para realizar la importación de materias primas e insumos que requieran sus afiliados;
- Los activos que se adquieran para el proceso productivo de las socias, no pueden ser propiedad de la integradora;
- No se permite constituir empresas integradoras con empresarios que realicen prácticas desleales o tengan actividades monopólicas.

En México existen dos modelos: japonés e italiano.

El caso italiano busca mantener la independencia jurídica de las empresas, creando organismos de vinculación llamados consorcios de empresas; el consorcio tiene acceso a los bancos y contrata líneas de crédito, contrata con proveedores de bienes y servicios con precios más bajos, tiene contactos en el exterior o hasta una representación propia.

El japonés funciona a través de la subcontratación en donde la gran empresa utiliza los servicios de las pequeñas para que les fabriquen determinadas piezas de sus productos terminados. Funcionan como una pirámide en cuya punta se encuentra la marca de la empresa grande, que es quien comercializa el producto, lo diseña y le da el nombre, mientras que en la base existen muchas compañías pequeñas que tienen como sustento la fuerza de la gran empresa.

El 17 de mayo de 1993 apareció en el Diario Oficial de la Federación, el decreto presidencial para la creación de Empresas Integradoras de Unidades Productivas de escala micro, pequeña y mediana; teniendo como objetivo fortalecer a las empresas a través de un nuevo esquema en su forma de comercialización, compras y producción. Los beneficios para los asociados son:

- En materia de producción fomenta la subcontratación de productos y procesos con la finalidad de desarrollar cadenas productivas.
- En cuanto a la comercialización se utilizará la asesoría de expertos de diseño para mejorar la presentación de productos.
- Los socios recibirán también asesoría en cuanto a capacitación de obreros y directivos en diferentes aspectos.
- Los ingresos de estas empresas son únicamente por concepto de cuotas y prestaciones de servicios.

La Secretaria de Economía cuenta con un programa de Empresas Integradoras. El Programa ofrece algunos apoyos como son:

- Apoyos Fiscales. La empresa integradora puede acogerse al Régimen Simplificado de Tributación por un periodo de 10 años sin límite de ingresos.
- Apoyos Financieros. La Secretaría de Economía a través del Fondo PYME, puede apoyar en las siguientes líneas: capacitación, estudios, proyectos Productivos.
- Apoyos a la Exportación. Cuando los socios tienen una vocación exportadora, las empresas integradoras también tienen facilidades para acceder a programas para la promoción de las exportaciones.

Los requisitos solicitados por la Secretaría de Economía, para poder operar como una empresa integradora, son:

- Crear a la empresa integradora con una personalidad jurídica propia, diferente a la de sus asociados y que le permita realizar actividades mercantiles.
- Tener un capital mínimo de $50,000.
- La participación accionaria de cada socio, no debe exceder del 30% del capital social.
- Contar con capital suficiente para la ejecución del proyecto.
- Presentar ante la Secretaría de Economía la siguiente documentación: Proyecto de acta constitutiva conforme a la Ley General de Sociedades Mercantiles y al Artículo 4o. del Decreto que promueve la organización de Empresas Integradoras publicado en el Diario Oficial de la Federación el 7 de mayo de 1993 y sus modificaciones del 30 de mayo de 1995.
- Proyecto de factibilidad económica-financiera que sustente la integración.
- Obtener la cédula de inscripción en el Registro Nacional de Empresas Integradoras.

Conviene aclarar que no todas las empresas pueden adoptar desde un inicio un régimen de empresa integradora, ya que algunas veces son estructuras demasiado complejas para la organización en grupos de empresarios de escalas muy pequeñas. Por tal motivo, deberán incursionar en alternativas más sencillas de agrupación, de tal forma que vayan asimilando de manera paulatina una cultura de trabajo en equipo con otras empresas y conozcan los beneficios intrínsecos que se obtienen a través de la cooperación empresarial.

3.5.3 Clústeres

Un clúster es un agrupamiento empresarial, formado por un grupo de empresas de la misma actividad que tienen una estrategia común, que se vinculan con los sectores soporte y mantienen entre sí lazos de proveeduría y prestación de servicios, las cuales están organizadas en redes verticales y horizontales con el propósito de elevar sus niveles de productividad, competitividad y rentabilidad.

Un clúster permite a una industria específica incorporar nuevos eslabones en su cadena productiva, los factores que determinan el uso de nuevas tecnologías en sus procesos, y los factores determinantes de la generación de actividades de aglomeración, es decir, un clúster presenta grandes concentraciones de empresas e instituciones interconectadas en un campo particular para la competencia, pudiéndose observar en el mundo gran variedad de clústeres en industrias como la automotriz, tecnologías de la información, turismo, servicios de negocios, minería, petróleo y gas, productos agrícolas, transporte, productos manufactureros y logística, entre otros.

Anteriormente se conocía a un clúster como un grupo de industrias que se congregaba en una región geográfica bien determinada. Actualmente, un clúster se define mejor con base en sus funciones, más que en sus productos. En lugar de sólo relacionar empresas de un sector económico industrial específico agrupadas en un área geográfica, hoy éstas se agrupan por proveedores de materias primas, por tipo de tecnología, por estrategia, por tipo de compradores y aún por competidores de otras industrias.

Un proyecto de cauterización requiere de la acción coordinada de diversos participantes de los sectores públicos y privado, así como de otras organizaciones, cuya actividad principal sea la integración productiva y desarrollo de redes empresariales. Entre estos agentes destacan: Sector Empresarial, Instituciones Educativas, Asociaciones gremiales o Cámaras empresariales, Instituciones financieras y Banca de desarrollo, Fundaciones, Gobierno en sus tres niveles, entre otros organismos.

También un clúster se puede definir como cadenas productivas, y en México Nacional Financiera es el organismo encargado de fortalecer e impulsar este sector económico. La importancia de generar un clúster para el mercado del reciclaje radica en formalizar el sector industrial, concentrar por regiones a proveedores, acopiadores, transformadores y empresas de manufactura del sector textil y del envase y embalaje para reducir costos logísticos así como desarrollar fuentes de empleo, crear estructuras de modelos de asociacionismo y rentabilizar el mercado.

El clúster también permite en términos de financiamiento contar con mejores oportunidades y apoyos, sobre todo para la exportación de los productos derivados del reciclaje de PET. La importancia de que ingresen organismos de la banca de desarrollo como Banco de Comercio Exterior, (BANCOMEXT) o Nacional Financiera jueguen un rol fundamental. Existen empresas extranjeras en México que aprovechan el material pero que tienen grandes problemas en la recolección. Con el desarrollo de un clúster se puede mejorar esta situación desarrollando sinergias entre los gobiernos municipales, estatales y federal y el sector privado.

3.5.4 Uniones de crédito.

Las Uniones de Crédito representan una alternativa real de participar en el financiamiento y desarrollo de la micro, pequeña y mediana empresa. Son organizaciones de empresarios con afinidad de intereses, como la necesidad de adquirir insumos, comercializar sus productos con asistencia técnica y obtener crédito. Se constituyen como Sociedades Anónimas de Capital Variable y deben estar integradas por 20 personas cuando menos y un capital mínimo. Es recomendable que los socios residan en la misma zona económica donde se encuentra la unión.

Las Uniones de Crédito originalmente eran Agropecuarias, Industriales o Mixtas, actualmente la mayoría son mixtas. Los propósitos de estas organizaciones son:

- Permitir el acceso al crédito a sus socios sin tener que recurrir a la intermediación bancaria, es decir, la banca comercial.
- Obtener condiciones favorables para los socios en la adquisición de materias primas, maquinaria y equipo, al negociar su compra de manera conjunta.
- Proporcionar proyectos de almacenamiento, producción y comercialización para ser explotados de manera colectiva o individual por los socios.
- Apoyar a las empresas socias con capacitación administrativa y asistencia técnica.
- Servir de aval, obtención de préstamos directamente con intereses bajos, el cobro de estos intereses es vencido y no anticipado como en otras instituciones.

- Proporcionar asesoría técnica, consolidan su poder de compra, tienen mayor oportunidad de abarcar más mercado, lo que incrementará sus ventas y existe una mayor proyección de imagen del grupo.
- Las uniones cuentan con fondos propios que provienen de aportaciones de los socios.

Los principales problemas a los que se enfrentan son los siguientes:

- Normalmente tienen un capital muy reducido, lo que les impide operar con utilidades que les permita soportar los castigos por cuentas incobrables, tampoco pueden pagar sueldos altos, por lo que el personal que contratan no cuenta con la preparación adecuada.
- El fondeo, que consiste en establecer contratos con las instituciones de crédito que apoyen otorgando financiamiento a los asociados, se ha ido aminorando en virtud de que ya son más las instituciones que las utilizan como intermediarias.
- Su cartera vencida es muy alta.
- Tienen deficiencias contables que no les permiten informar adecuadamente a la Comisión Nacional Bancaria que es quien las regula.

Cada compañía tendrá que realizar un análisis de su situación particular para elegir la forma de cooperación que le resulte más ventajosa. Un ejemplo de uniones de crédito se represente en Grupo Lala.

3.5.5 Joint Ventures.

Las Cláusulas de este tipo de contrato pueden ser muy diversas, además de que este tipo de contratos no son regulados de manera específica por la Ley Mercantil. En lo referente a los efectos fiscales de estos acuerdos hay que poner atención, pues el artículo 17-A del Código Fiscal de la Federación puede asemejar estas figuras a las Asociaciones en Participación, que nada tienen que ver con las figuras del Joint Venture, sin embargo, se les ha dotado de personalidad jurídica para efectos fiscales, esto se ve como un limitante a la economía empresarial imponiendo contribuciones a la libertad de asociación que tal y como la Constitución Política de los Estados Unidos Mexicanos es una garantía individual. Los requisitos para su formación son:

- Negociaciones de las partes para establecer un acuerdo de Joint Venture, siempre que sea lícito.
- Establecer a través de un contrato las obligaciones y derechos de cada una de las partes en función del proyecto conjunto. Se define el tipo de aportaciones en capital o bienes que cada uno de los participantes aporta.
- Se debe fijar en el contrato el tipo de moneda que se tomará como base para todas las transacciones referentes al Joint Venture.
- Se puede formalizar o no ante fedatario público. La formalización es lo más recomendable porque permite que el negocio ser considerado en las mediciones nacionales sobre apertura de nuevas empresas y movimiento del sector privado, lo cual contribuye al diseño de políticas favorables para los empresarios.

Algunos de los contratos que se pueden establecer son:

1. Contratos de Transferencia de Tecnología: Regulan las aportaciones de los contratantes en materia de tecnología y las aportaciones de cada uno en función del proyecto.

2. Contratos sobre mercadeo y distribución: Establecen la forma en que se van a distribuir los productos o servicios producto del Joint Venture.

3. Contrato acerca del uso de marcas y patentes: Establecen los derechos en lo relativo al uso de marcas o patentes, para la comercialización de sus productos.

Ejemplificación:

Una compañía de telefonía celular firma un contrato de Joint Venture con una empresa de videojuegos norteamericana. La idea de este contrato es diseñar, producir y comercializar el primer teléfono con la plataforma de videojuegos más avanzado del mercado. Ambos poseen una especialización que los hace fuertes por separado pero la suma de sus conocimientos es imprescindible para este nuevo objetivo. Las instalaciones para el desarrollo del celular son propiedad de la compañía de celulares. Ingenieros de la empresa de videojuegos incorporarán sus conocimientos de programación en el diseño del software del celular. El contrato establece la proporción de las ganancias para cada una de las empresas en alianza estratégica para este proyecto. Ambas empresas siguen siendo independientes una de la otra, únicamente se han aliado para efectos de este proyecto.

3.6 La Diversificación.

La mayoría de las empresas han comenzado como pequeñas empresas abasteciendo un mercado local con un solo producto. Después van creciendo y ampliando su ámbito geográfico y vertical, así como el de los productos. Las empresas pueden crecer de distintas formas y la diversificación es sólo una de ellas.

Si una empresa sigue la estrategia de un solo negocio no deja de tener un riesgo implícito, su fortaleza misma podría ser su principal debilidad, esto es, ir por un solo camino. Si su sector se estanca, se reduce la tasa de crecimiento de la empresa, lo que va acompañado normalmente de la reducción, también de márgenes y beneficios. Además, un cambio en las necesidades de los clientes, el surgimiento de innovaciones tecnológicas o la aparición de productos sustitutos, pueden socavar a la empresa.

La diversificación es, primordialmente una alternativa para el crecimiento. Hay que tener presente un problema muy evidente: ¿cuánto cambio podremos gestionar con éxito? Simplemente podemos vender más de lo mismo al mismo tipo de cliente o desarrollar nuevos productos y nuevos mercados. Antes de lanzarse a la diversificación, una empresa inteligente suele considerar primero las opciones más fáciles.

Primero, las empresas pueden crecer mediante **la penetración en el mercado** centrándose en aumentar el volumen de ventas de los negocios actuales. Cuando crece el mercado en su conjunto, lograr una mayor penetración puede ser relativamente fácil, debido a que aumenta el volumen absoluto de las ventas de todas las empresas en el mercado y puede que algunas sean incapaces de satisfacer la demanda. En mercados estáticos o decrecientes, es probable que la empresa que persiga una estrategia basada en aumentar la penetración del mercado se enfrente a una competencia intensa.

La estrategia de desarrollar nuevos productos. Las empresas también pueden decidir entrar en un nuevo mercado con un nuevo producto. La empresa se involucra en modificaciones, adiciones o cambios significativos en su actual gama de productos. Sin embargo, una empresa que siga este tipo de estrategia opera desde la seguridad de su base de clientes establecida. En sectores de alto contenido en I+D, el desarrollo de productos puede ser la estrategia a seguir, primero porque en estos sectores los ciclos vitales de los productos tienden a ser cortos, y también debido a que los nuevos productos pueden ser un resultado natural del propio proceso de I+D. Desarrollar nuevos productos puede ser arriesgado y costoso.

Desarrollar el mercado. Las empresas pueden decidir seguir ofreciendo iguales productos y servicios pero creciendo mediante la entrada en nuevas áreas geográficas, promoviendo otros usos para un producto existente o entrando en nuevos segmentos de mercado. Es una estrategia apropiada cuando la competencia diferencial de la organización tiene que ver con el producto en lugar de con el mercado.

La diversificación. La diversificación exige hacer algo nuevo en dos dimensiones, tanto la del mercado como la del producto. Las empresas se diversifican por razones proactivas y defensivas. Puede que la alta dirección intuya que existe una oportunidad demasiado buena como para no aprovecharla. En otras ocasiones, el deseo de abandonar industrias estancadas o en declive ha sido uno de los motivos más potentes para la diversificación.

La obra de Michael Porter, "From Competitive Advantage to Corporate Strategy", presenta el modelo de uso más frecuente para la toma de decisiones sobre la diversificación. Según Porter existen tres pruebas esenciales que deben aplicarse a la decisión respecto a si la diversificación realmente va a crear valor para los accionistas:

1. **La prueba del atractivo.** La industria elegida para la diversificación debe ser estructuralmente atractiva o tener potencial para serlo. Una industria atractiva es aquella cuya estructura puede brindar una rentabilidad mayor del coste de capital de la empresa. Si la industria no tiene una estructura que reúna este criterio, la empresa debe poder reestructurar la industria o ganar una ventaja competitiva sostenible que conduzca a ganancias muy por encima de la media. Desde el punto de vista de la empresa que tiene previsto diversificarse, es mejor que la atracción de la industria no sea obvia. Una empresa debe elegir entrar en una nueva industria antes de que demuestre todo su potencial. Cuanto más atractiva sea una nueva industria, más caro es entrar.

2. **La prueba del costo de entrada.** El costo de entrada no debe capitalizar todos los futuros beneficios. Consideremos con más detenimiento el análisis de cuánto había de pagarse para entrar en un nuevo negocio. Puede resultar ser un ejercicio costoso, y la diversificación no podrá acrecentar el valor para el accionista si el coste de la entrada en un nuevo negocio absorbe las ganancias previstas. Como hemos visto, la entrada en nuevas industrias se puede realizar mediante la adquisición de una empresa o la iniciación interna de la actividad. Además, cuando una empresa ve que un competidor intenta realizar una compra atractiva, puede optar por entrar en el concurso con el resultado de que el precio pagado sea mayor que el valor real. No debe extrañar, por tanto, que hoy en día la mayoría de las adquisiciones de empresas vengan acompañadas de una reducción del precio por acción de la empresa compradora.

3. **La prueba de mejoría.** La nueva unidad ha de ganar en ventajas competitivas a causa de su vinculación con la otra empresa, o viceversa. Esta prueba trata la siguiente cuestión: ¿cuáles son las ventajas competitivas creadas por la diversificación? Si compramos una empresa, ¿podremos añadir valor a alguna

de sus actividades actuales? ¿Puede la empresa adquirida añadir valor a lo que hacemos nosotros? Si diversificamos mediante iniciativa interna, ¿tendremos recursos o capacidades superiores a los de la competencia actual? Puesto en términos que todos comprendemos, ¿seremos más rentables?

Es frecuente que las empresas supongan que un aumento de tamaño significa por sí solo que pueden añadir valor. Como sabemos, no siempre es así y en la última década los estrategas han comenzado a hablar de "destrucción de valor".

En términos generales, entre las razones principales por las cuales las empresas diversifican sus actividades destacan:

- La saturación del mercado tradicional, cuando el sector en el que la empresa opera actualmente ofrece escasas perspectivas de crecimiento.
- Las oportunidades de inversión de excedentes financieros, lo que puede conducirla a nuevas actividades productivas.
- El reforzamiento de la posición competitiva mediante la búsqueda de sinergias de ventas, operativas, financieras y/o de dirección.
- Aumento del poder de mercado, explotación de sinergias y reducción del riesgo global.

La diversificación representa generar valor a la formulación de un nuevo proyecto de empresa de reciclaje. Por ello en el presente libro se plantearan formas de hacer negocio partiendo de la diversificación del proyecto y los impactos que genera en el mercado para impulsar la economía nacional.

Capítulo IV

Problemáticas del Sector de Reciclaje de PET.

Las problemáticas del sector se pueden dividir en: Impacto Ambiental, cultura y falta de motivación, el acopio, los retos a los que se enfrentan las empresas de reciclaje, la falta de legislación y los impuestos. Todas estas problemáticas, influyen y deben ser contempladas para el análisis de instalación de la empresa de reciclaje de PET. Cabe destacar, que el objetivo de la creación de una empresa es el fomento al crecimiento de este mercado y para ello hay que analizar todas las variables que pueden impedirlo.

4.1 Impacto Ambiental.

El impacto ambiental es un problema de interés general tanto para la industria, la sociedad y el gobierno. Existen varios acuerdos internacionales, como el Protocolo de Kioto que surgió en 1992, que promueve la protección del planeta a través de reducir a menos del 5% las emisiones de seis gases que provocan el calentamiento global en el período del 2008 al 2012.

Cada año la fabricación de diversos envases plásticos para refrescos y aguas purificadas se incrementa produciendo desechos que van a parar a basureros municipales y rellenos sanitarios, también se encuentran en calles, terrenos suburbanos, cauces de ríos, playas y los más apartados espacios campestres. Se trata de una montaña de basura plástica que cada año aumenta entre 8,000 y 12,000 millones de residuos. Su actual disposición no sólo representa un problema ecológico, sino también un dramático desperdicio de un material con gran potencial de reúso.

Una botella de PET puede tardar 500 años en degradarse dentro de un tiradero. Las empresas apoyadas en la falta de legislación y buscando reducir sus costos, sustituyen los envases de vidrio por los de plástico, generando que los residuos sólidos aumenten en el país, en particular las botellas.

En México, según señala el último censo de INEGI, de la generación de basura realizada en 2012, el 65% va a parar a rellenos sanitarios, sitios que cuentan parcialmente con aplicación y vigilancia de las medidas necesarias para el cumplimiento de las disposiciones establecidas. El 8% a rellenos de tierra controlados, sitios para la disposición final de los residuos sólidos que no cuentan con la infraestructura propia de un relleno sanitario, pero donde se dan las condiciones mínimas para la compactación y cobertura diaria. El 22% a tiraderos de cielo abierto, estos son los sitios clandestinos o lugares rurales o urbanos que originalmente representaban un área común y que en la actualidad concentran montañas de basura y finalmente el 5% representa el reciclaje, materiales recuperados en los sitios de disposición final. Excluye lo separado en diversas fuentes de generación, lo recuperado en contenedores y vehículos de recolección.

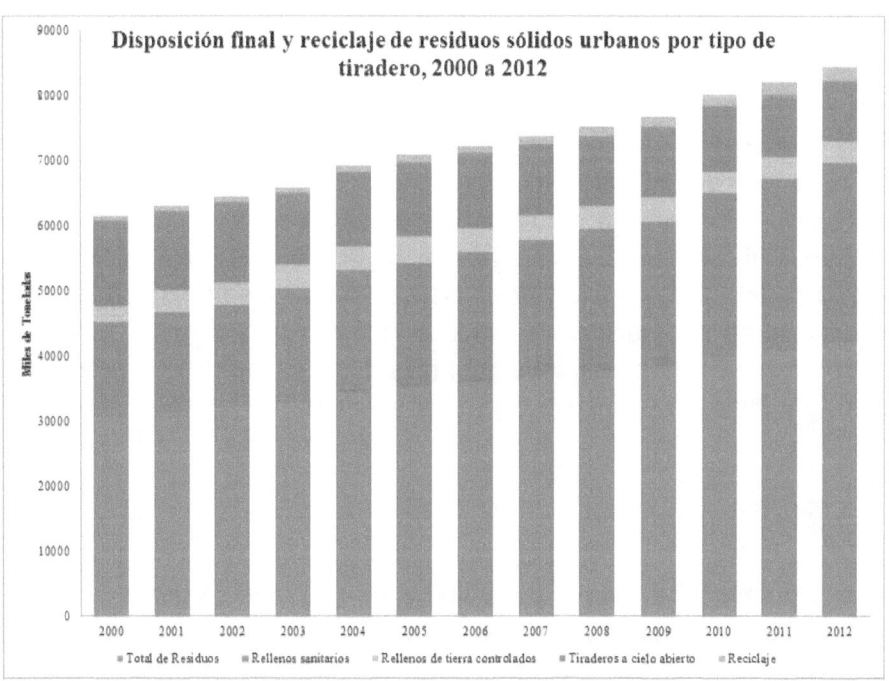

Los datos se refieren a basura producida en las ciudades, la cual incluye desechos generados en casa habitación, comercios, instituciones, lugares de recreación y otros. Estas cifras representan una oportunidad en un nuevo diseño de cadena de suministro para una empresa de reciclaje.

4.2 Falta de Motivación y de Cultura Ambiental.

En la sociedad, la generación de plásticos viene desprendida de la fuente, lo que significa, diseño y planeación de destino del producto que se tiene desde el fabricante hasta que llega al usuario final. La reducción en la fuente debe ser responsabilidad de la industria Petroquímica (fabricante de los plásticos), de la industria transformadora (que fabrica diferentes productos finales y que diseña el envase). Aunque podría decirse que al consumidor también le cabe una buena parte de la responsabilidad, ya que decide entre elegir un producto concebido con criterio de reducción en la fuente y otro que derrocha materia prima y aumenta el volumen de los residuos.

El reciclaje nacional del PET es una medida urgente, los beneficios se reflejan no solo con la limpieza pública, también con un manejo más eficaz de la gestión integral de residuos sólidos para evitar el rebose de los rellenos sanitarios y crear un mercado mucho más competitivo. La falta de educación por parte de los consumidores en el tema de reciclaje, si se compra una bebida, se es responsable del líquido y el envase, sin embargo, el consumidor cree que puede tirar la botella donde sea. Esto no se sanciona en México, sin embargo, en otros países si es sancionado, las autoridades y empresas deben de buscar como promocionar al ciudadano la cultura del reciclaje. Se han hecho algunas campañas, pero falta más difusión para lograr motivar al consumidor a tener una conciencia ambiental.

4.3 El Acopio.

Las características que posibilitan al PET ser utilizado en la manufactura son las mismas que no le permiten que se pueda generar un clúster de reciclado. El acopio de PET se hace por medio de los pepenadores, y éstos tienen recursos limitados para sacar de la basura materiales que les permitan subsistir. Si el PET alcanza un valor que les ayude en sus 10 a 12 horas de trabajo al día, obtener lo suficiente para vivir, lo acopian, pero si su precio cae por debajo de cierto nivel, deja de interesarles y entonces se dedican a recoger otro material.

Actualmente se están creando programas entre el Gobierno y las empresas para el acopio de estos materiales, esto es a través de Centros de Acopio, los más grandes organismos encargados para realizar esta tarea son: ECOCE A.C., INARE A.C. y APREPET A.C., más como organismo para reunir a la empresa y el gobierno que como acopiador. ECOCE, A.C., es una asociación fundada en 2002 y administra un fondo creado por las empresas asociadas, con el cual opera el Primer Plan Nacional Voluntario de Manejo (ACOPIO) de los Residuos de Envases de PET de las empresas envasadoras agremiadas y que representan el 60% de los usuarios.

Las fluctuaciones en el precio del PET han sido uno de los principales obstáculos para potenciar la industria recicladora nacional, ya que al no haber un suministro constante, si sube el precio hay poco material y si baja hay mucho, por estas razones no se ha podido establecer una industria formal. Lo anterior, motivó a los usuarios de envases de PET y a las industrias de refrescos y agua, a crear el plan de manejo, con el objetivo de garantizar que se recoja, de tal forma que si el precio del PET en el mercado internacional desciende hasta cierto nivel, estas industrias lo subsidian para que el pepenador no lo deje de recolectar y si el precio es alto, ya no le dan apoyo. Sin embargo, al día de hoy, todavía no se detona un desarrollo en las empresas recicladoras que pueda demandar más producto y crear un mercado natural que aproveche todo lo que se acopia en México. APREPET indica que acopiar consiste en recolectar, seleccionar y acumular, de los residuos sólidos, los materiales que puedan ser reutilizados. El acopio es uno de los pasos básicos hacia el reciclaje de los materiales e implica un elevado grado de responsabilidad y conocimiento.

Depende de la cultura ecológica de la población y del compromiso con las autoridades para evitar más desperdicio de un material que debe ser concebido como materia prima, que al final será devuelto al consumidor en otro producto útil. Así mismo, APREPET menciona las características a tomar en cuenta al momento del acopio, las principales son:

- Los plásticos no se deben mezclar. De lo contrario se corre el riesgo de contaminar lo que ya se ha acopiado y por consecuencia perder todo el esfuerzo de trabajo.
- Los envases se deben compactar lo más posible. Las ideas para ello estarán en función del ingenio de cada acopiador, desde pisarlas (la menos favorable), pasarles un camión o auto por encima, hasta compactarlas con una prensa (la más recomendable en caso de que se trate de un volumen importante).

Es importante acopiar y reciclar, ya que además de evitar la contaminación, se emplean recursos que de otro modo se van a la basura y no se aprovechan. Cada mexicano consume 225 botellas de PET al año, y los precios oscilan entre los $2.00 y $5.00 a la compra por kilo y a la venta pueden oscilar entre $7.00 y $16.00 el kilo, dependiendo si se trata de pacas u hojuelas de color o cristal. Estas son buenas razones para empezar a acopiar este material.

4.4 Los Retos del Sector.

Muchas empresas que entran al negocio del reciclaje suponen que hay mucho material para reciclar, pero no se dan cuenta de que no está disponible; este es el gran problema. La falla en el abasto ha sido el principal factor del fracaso de empresas recicladoras, a nivel mundial existen políticas que han forzado el uso de material reciclado, pero en México esto no existe, por lo que muchas empresas se dedican al reciclaje a pequeña escala y de forma improvisada, sin contar con una infraestructura adecuada, por lo que no logran crecer el mercado de estos productos y ser más competitivos a nivel mundial. Para lograr esto se requiere de mucha tecnología. Sin embargo, los beneficios económicos, para un país en desarrollo como México, hace que el reciclaje cree un número significativo de empleos, particularmente en el sector manufacturero.

Con este planteamiento se puede apreciar que una de las problemáticas principales que experimentan las empresas recicladoras se encuentra en su sistema logístico, la variación del precio, la capacidad de sus almacenes para concentrar el material e incluso el tipo de producto de RPET (PET Reciclado) que venden. Además, las empresas recicladoras exigen que los plásticos recuperados tengan características bien definidas (limpios, sin polvos, del mismo tipo de código, sin etiquetas, gomas, etc.), ello ocasiona que los centros de acopio también se enfrenten a vender o comprar ante tales requerimientos, siendo en la mayoría de las veces no satisfactorias. Por lo que, las empresas recicladoras la mayoría de las veces compran directamente de las empresas manufactureras, los Subproductos de padecería o rebaba, siendo materiales o desperdicios limpios. Las empresas solicitan lo siguiente:

- Grandes volúmenes para reducir costos de transporte.
- Una misma calidad en todo el material acopiado.
- Abastecimiento constante para aprovechar la capacidad de producción de las empresas al máximo.

Un problema más es la contaminación que contienen las pacas en la recepción de las mismas dentro de las instalaciones de las empresas de reciclaje, ya que en ocasiones traen restos de comida, perros muertos, ropa, pedazos de madera, metal, aluminio, colores, polietileno, PVC, etcétera. Esto eleva los costos de operación, porque exige mayor selección, lavado con altas temperaturas, el uso de químicos. Además, es necesario recoger las pacas diario y pagar en efectivo, sin factura de por medio.

Al no existir una demanda constante de la hojuela de PET, no se tiene estabilidad en el precio y es muy difícil que la gente invierta en un negocio. Otro de los problemas para el reciclado de PET es la escasez de empresas o agrupaciones que se encarguen de su acopio. La razón de este desinterés comercial se debe a que el precio del material ha descendido mundialmente (por 25 botellas se pagan 50 centavos, mientras que por 30 latas de aluminio se pagan cerca de ocho pesos), de ahí que se vea menos aluminio tirado en la vía pública.

La mayoría de los recicladores que permanecen en el mercado mexicano deben su supervivencia a contar con procesos industriales más amplios. Ante la posibilidad de hacer reciclado de botella a botella, se puede incrementar el Mercado del Reciclaje de PET y poder ver algún día cerveza envasada en este material, siendo transportada junto con el camión de los refrescos.

4.5 Legislación Incipiente y Repercusiones Fiscales.

La Comisión de Medio Ambiente y Recursos Naturales de la Cámara de Diputados, asegura que en materia de leyes de acopio y reciclaje de PET falta mucho por hacer. Dentro de la Ley de Prevención y Gestión de los Residuos Sólidos, se propone responsabilizar a los productores, hay algunos apartados que tocan el asunto, aunque de manera muy general.

Esta falta de legislación afecta no solo a que las empresas productoras de estas resinas no tomen conciencia ambiental, sino a que no exista un mercado de reciclaje en un país que puede convertirse en potencia en esta materia, debido a la gran cantidad de residuos sólidos que no son recolectados para un posterior uso. Actualmente se cuenta con la NOM-161-SEMARNAT-2011, que entro en vigor en Julio de 2013, que es obligatoria para quienes son grandes generadores de RME y de residuos sólidos urbanos (RSU) como son: productores, importadores, exportadores y distribuidores de los productos que al desecharse se convierten en residuos sólidos urbanos o de manejo especial que estén incluidos en los listados de residuos sujetos al Plan de Manejo.

La norma tiene como propósito prevenir la generación de residuos, así como disminuir la cantidad de residuos que son destinados a disposición final y al mismo tiempo promover la cultura del reciclaje.

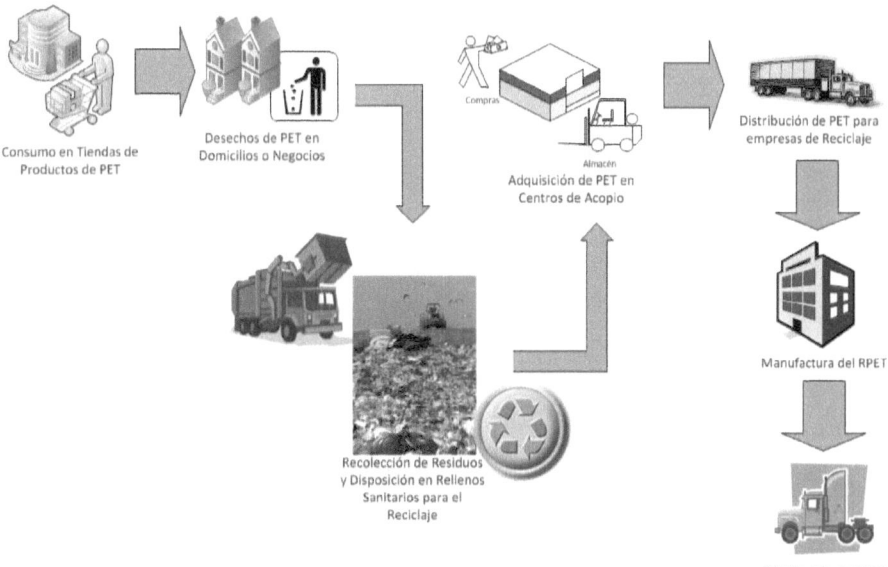

La nueva NOM puede generar oportunidades pero también obstáculos a las empresas de reciclaje por lo acotado de su contenido. Adicionalmente en México se encuentran otra serie de normatividades que intentan promover la cultura del reciclaje.

- Ley General del Equilibrio Ecológico y Protección al Ambiente, (LGEEPA)
- Ley General para la Prevención y Gestión Integral de los Residuos Sólidos.
- NOM-083-SEMARNAT-2003
- Leyes Estatales de Prevención y Gestión de Residuos Sólidos.
- Ordenamientos Municipales.
- Reglamento del Servicio de Limpia Municipal.
- Normas Mexicanas como son:

  a. NMX-AA-15-1985.
  b. NMX-AA-61-1985
  c. NMX-AA-22-1985
  d. NMX-AA-19-1985

El siguiente esquema representa la legislación presente a nivel federal, estatal y municipal.

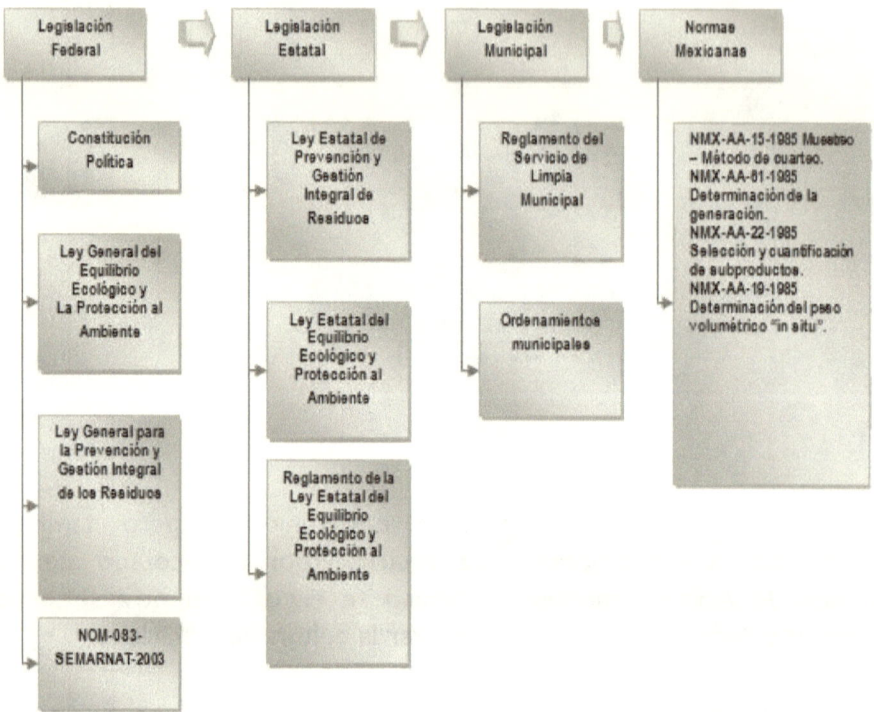

Un problema mucho mayor en el mercado del reciclaje es el pago de impuestos. Los proveedores son pepenadores, trabajadores asalariados y pequeños acopiadores cuya mayoría trabaja en la informalidad y por tanto no puede dar un comprobante por la venta de los materiales para reciclaje. Por su lado la empresa de reciclaje sí debe extender un comprobante de la venta de sus productos. Así, a la hora de hacer la declaración de impuestos la empresa de reciclaje se ve en serios aprietos para hacer las deducciones correspondientes a la compra de materiales para reciclaje.

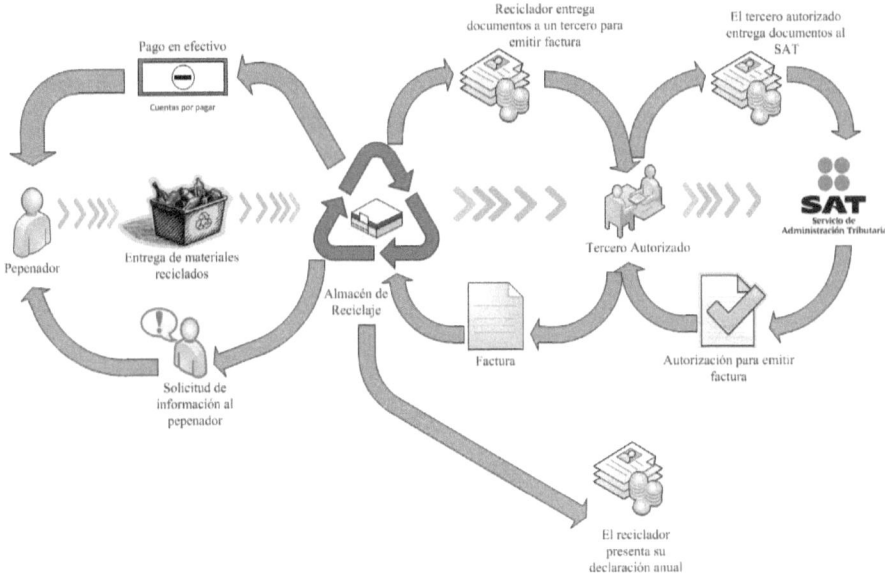

Actualmente la Secretaria de Hacienda ha implementado un nuevo sistema para el pago de impuestos.

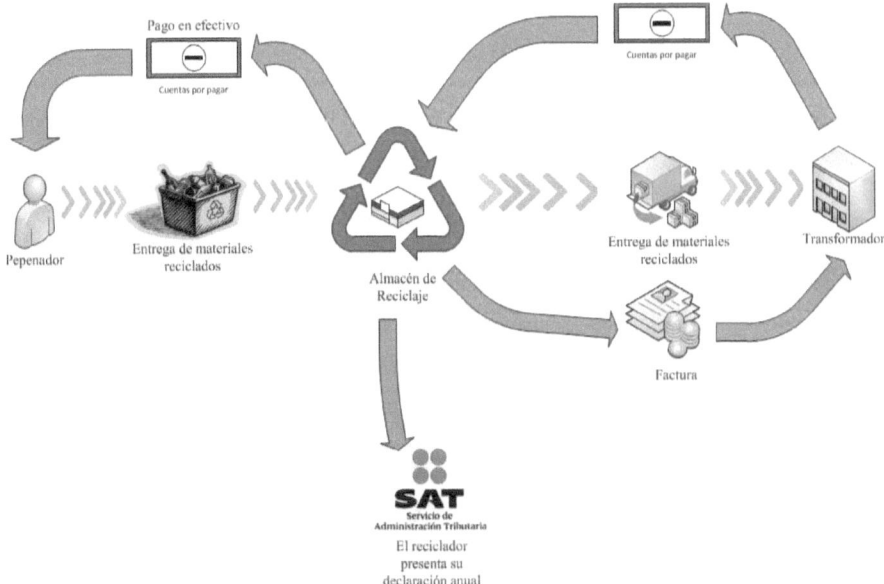

Los recicladores no están de acuerdo con este esquema ya que incrementa los trámites para obtener el comprobante de la compra y hace ineficiente a la operación. Existen algunas estrategias que se han desarrollado como la creación de fundaciones u organizaciones civiles que puedan emitir comprobantes fiscales para poder justificar la compra de materiales y deducir el impuesto por IVA e ISR.

Todas las problemáticas anteriores pueden ser esquematizadas en un diagrama causa-efecto para identificar cuales generan mayor impacto.

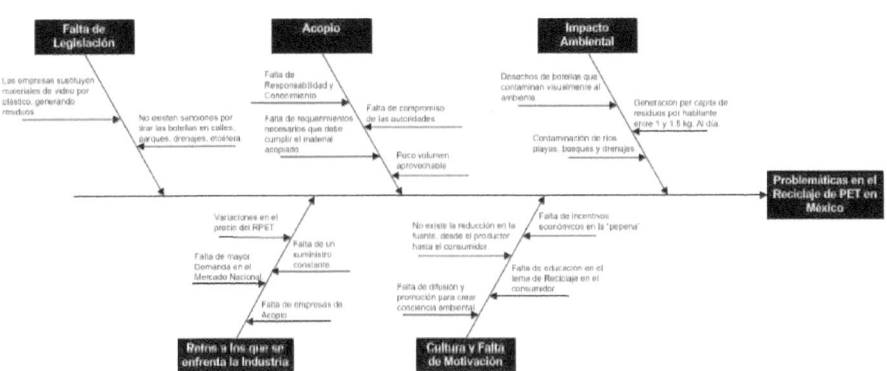

Capitulo V

Estrategia de Operaciones y Cadena de Suministro.

Esta es una de las área de interés para la vinculación de la Estrategia del Negocio con sus operaciones, en esta caso logísticas. Una estrategia de la función de operaciones es un conjunto de objetivos, planes y políticas, que describe en qué forma apoya la función de operaciones a la estrategia de negocios de la organización.

5.1 Introducción a la Cadena de Suministro

La Administración de la Cadena de Suministros (SCM en inglés), es una nueva forma de establecer negocios, así como de relaciones. Se puede entender como la integración de los negocios, a partir de la atención al usuario o consumidor a través de los proveedores que van a abastecer los productos o servicios, y la información que le va a agregar valor para los clientes.

La cadena de suministro también se puede entender como un proceso que planea, implementa y controla el eficiente y efectivo flujo y almacenamiento hacia delante y en reversa de bienes, servicios e información relacionada del punto de origen al punto de consumo con el propósito de satisfacer los requerimientos del cliente.

La cadena de suministros incluye no solamente al fabricante y al proveedor, sino también a los transportistas, almacenistas, vendedores al detalle (o menudeo) e incluso a los mismos clientes. El objetivo de una cadena de suministro debe ser maximizar el valor total generado. Este valor es la diferencia entre lo que vale el producto final para el cliente y los costos en que la cadena incurren para cumplir la petición de este. Para la mayoría de las SCM, el valor está estrechamente correlacionado con la rentabilidad de la misma (también conocida como superávit de la SCM), que es la diferencia entre los ingresos generados por el cliente y el costo total de la cadena de suministro. Esta distribución se tendrá que analizar en el diseño de propuesta de la recicladora, ya que será importante definir el canal por el que el PET reciclado (RPET), entrará la empresa y llegará al cliente.

5.2 El Producto.

El tipo de producto es una de las consideraciones principales dentro de la SCM, en el caso de la Industria del Reciclaje, el producto se describe como un material que se reprocesará para un proceso posterior a comparación del uso original para el que fue creado, en este caso el PET o mejor conocido como RPET, debido a que se trata de un material reciclable. El ciclo de vida es una característica ventajosa del material, ya que su degradación puede tardar más de 500 años, por lo que se le puede obtener beneficio al ser reprocesado por ser material termoplástico. Sin embargo, hoy en día el ciclo de vida del PET, es una responsabilidad que se empieza a agregar al productor de esta resina, tanto virgen como reciclada. Cabe mencionar, que este material se clasifica de tres formas según su grado o fin de producción:

a) PET de grado textil.

Empleado para fabricar resinas sintéticas, principalmente poliéster en sustitución del algodón o lino. También puede ser empleado como filamento. El mercado principalmente es el de la confección, ya que se puede mezclar con algodón y otro tipo de materiales.

b) PET de grado alimenticio o botella

Es empleado para fabricar botellas principalmente, ya que el PET ofrece características favorables en resistencia contra agentes químicos, transparencia, ligereza, reducción de costos y comodidad en su manejo, lo que representa un mayor beneficio. Aunque por lo general se le asocia con el envasado de bebidas gaseosas, el PET tiene infinidad de usos dentro del sector de envase y embalaje.

c) PET de grado film.

Se emplea para la creación de películas fotográficas, rayos X y de audio principalmente.

Como se puede apreciar, la gama de productos que incluyen al PET es muy grande, y por consecuencia de los grandes niveles de consumo, la generación de residuos sólidos es considerable. Es importante conocer este proceso inicial de fabricación, ya que dependiendo del tipo de proceso de reciclado que se utiliza va a depender la utilización de algunas materias primas adicionales.

La *estrategia* de la organización conocida como estrategia de negocios provee la información necesaria para diseñar un sistema de producción a fin de que la empresa alcance sus metas. Todas estas combinaciones darán como resultado el eficiente manejo de las operaciones de la organización, con base a la formulación de su propia estrategia, en nivel externo e interno. A partir de estos niveles, se podrán desarrollar los detalles de la estrategia de *operaciones* y las tareas que habrá que enfrentar al ponerla en práctica,

En el diseño de propuesta de la instalación de una Recicladora de PET, desarrollar una buena estrategia es difícil, pero se hace más fácil si se ha definido bien la meta o la misión. La estrategia es el plan diseñado por la organización para alcanzar su meta. Cada área funcional tiene su estrategia para cumplir su meta y ayudar a la organización a alcanzar la meta global. Las estrategias sacan provecho de las oportunidades y de los recursos, neutralizan los peligros y evitan los puntos débiles. A través de este concepto, se sugiere que las empresas alcancen sus metas a través de tres enfoques: singularización, primacía del costo y respuesta rápida. Cada una de estas tres estrategias empresariales, posibilita a la organización poseer una ventaja competitiva.

Capítulo VI

Estrategias y Cadena de Suministro para la Formulación de una Recicladora de PET.

E n esta sección se desarrolla la propuesta estratégica para la instalación de la Recicladora de PET. El modelo establecido para su creación se parte en cuatro etapas fundamentales, donde se mezclan las herramientas de Planeación Estratégica para la selección de estrategias y las estrategias logísticas, para obtener una ventaja competitiva.

6.1 Diseño del Modelo Estratégico para la Formulación del Proyecto.

Para el desarrollo de la propuesta de instalación, se establece una metodología para definir y analizar factores, que van a permitir elaborar y seleccionar estrategias para la operación dentro de un proyecto de instalación de negocio. El modelo se compone principalmente de 5 fases. La Fase I, corresponde a las estrategias elaboradas con herramientas de la planeación estratégica. Para su determinación, se necesita analizar la Industria y determinar la Oferta Nacional principalmente. La Fase II, se enfoca a la Configuración de las Instalaciones, donde se analizan los factores de capacidad de planta, proceso, demanda y selección del proceso. La Fase III, se enfoca a la localización de la Recicladora, punto de partida clave para las estrategias logísticas posteriores. Finalmente, las Fases IV y V, contribuyen al sistema logístico que le puede dar valor agregado al proyecto.

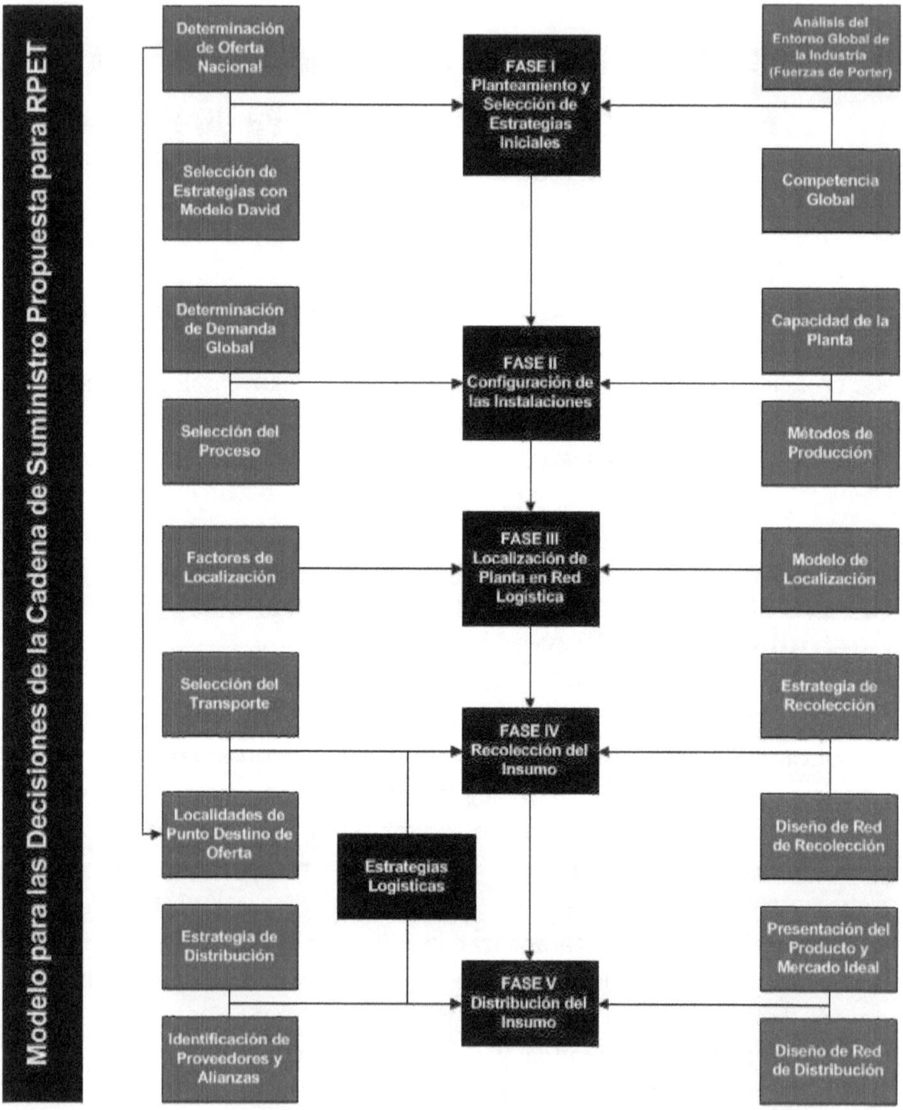

Modelo para las Decisiones de la Cadena de Suministro Propuesta para RPET

Determinación de Oferta Nacional		Análisis del Entorno Global de la Industria (Fuerzas de Porter)
	FASE I Planteamiento y Selección de Estrategias Iniciales	
Selección de Estrategias con Modelo David		Competencia Global
Determinación de Demanda Global		Capacidad de la Planta
	FASE II Configuración de las Instalaciones	
Selección del Proceso		Métodos de Producción
Factores de Localización	**FASE III** Localización de Planta en Red Logística	Modelo de Localización
Selección del Transporte		Estrategia de Recolección
	FASE IV Recolección del Insumo	
Localidades de Punto Destino de Oferta		Diseño de Red de Recolección
	Estrategias Logísticas	
Estrategia de Distribución		Presentación del Producto y Mercado Ideal
	FASE V Distribución del Insumo	
Identificación de Proveedores y Alianzas		Diseño de Red de Distribución

6.2 Obtención de la Oferta del RPET.

En la primera fase se determina uno de los factores primordiales para la elaboración de estrategias, la Oferta. Cabe mencionar, que el desarrollo para determinar Oferta, se basa en la cantidad de toneladas de PET clasificado como residuo, es decir, dentro de la basura. Esto se debe principalmente, a que el insumo que alimenta a una empresa de este tipo, se encuentra disponible dentro de los Residuos y no depende del CNA (Consumo Nacional Aparente), por lo que su cálculo se origina de otro tipo de información. Como se planea constituir una empresa de reciclaje en México, realizando su análisis estratégico, se tienen que tomar a los 32 estados que conforman la República Mexicana, para la elaboración de estrategias. Para la oferta, se toma como base de cálculo el 1.5% en peso para obtener las toneladas de PET, encontradas en los Residuos.

Con base al empleo de las bases de datos de INEGI, la oferta en toneladas de PET se compone de la siguiente forma a nivel nacional.

Estados	Oferta Total (Miles de Toneladas)	Oferta Controlada	Oferta No Controlada	Oferta Recolectada (Miles de Toneladas)	Oferta No Recolectada (Miles de Toneladas)
Aguascalientes	5.55	5.55	ND	3.13	2.43
Baja California	19.34	18.48	0.86	3.35	15.99
Baja California Sur	2.93	2.36	0.57	2.15	0.78
Campeche	3.66	1.64	2.03	3.65	0.01
Coahuila de Zaragoza	12.98	9.35	3.63	4.07	8.91
Colima	2.85	1.46	1.40	2.36	0.49
Chiapas	16.98	4.92	12.06	6.26	10.72
Chihuahua	18.56	15.36	3.20	3.96	14.60
Distrito Federal	70.47	71.18	ND	3.13	67.35
Durango	7.28	5.72	1.56	3.53	3.74
Guanajuato	25.25	17.87	7.38	5.04	20.20
Guerrero	13.07	5.69	7.38	5.04	8.02
Hidalgo	9.53	2.66	6.87	4.91	4.61
Jalisco	40.65	32.94	7.71	5.13	35.52
México	92.54	53.22	39.32	15.60	76.94
Michoacán de Ocampo	16.50	6.62	9.89	5.70	10.80
Morelos	8.24	2.40	5.84	4.64	3.59
Nayarit	4.19	2.36	1.83	3.60	0.58

Estados	Oferta Total (Miles de Toneladas)	Oferta Controlada	Oferta No Controlada	Oferta Recolectada (Miles de Toneladas)	Oferta No Recolectada (Miles de Toneladas)
Nuevo León	28.71	28.02	0.69	3.30	25.41
Oaxaca	12.05	0.18	11.87	6.21	5.84
Puebla	26.04	20.97	5.07	4.44	21.60
Querétaro Arteaga	8.43	6.21	2.22	3.70	4.73
Quintana Roo	6.38	4.74	1.64	3.55	2.82
San Luis Potosí	10.71	6.20	4.52	4.30	6.41
Sinaloa	13.31	10.67	2.64	3.81	9.49
Sonora	12.48	5.99	6.50	4.81	7.67
Tabasco	9.42	3.24	6.18	4.73	4.69
Tamaulipas	16.43	11.66	4.77	4.37	12.06
Tlaxcala	4.41	3.84	0.57	3.27	1.14
Veracruz	30.54	11.33	19.22	8.12	22.42
Yucatán	8.43	4.88	3.56	4.05	4.38
Zacatecas	5.45	2.91	2.54	3.78	1.66
TOTAL	**563.28**	**380.54**	**183.45**	**147.70**	**415.58**
		68%	32%	26%	74%

Tabla 1.2 Calculo de la Oferta a nivel Nacional de PET en 2008. Elaboración Propia.

En la tabla anterior se observa que el 26% de los residuos generados en México son acopiados y utilizados por el sector de Reciclaje. El 74% restante no se recolecta y se encuentra dispuesto en sitios controlados y no controlados, de los cuales el 68% de los residuos generados a nivel nacional está en rellenos sanitarios y tiraderos y el 32% restante se puede encontrar como impacto ambiental, calles, ríos, lagos, etcétera, o como recolección post-industrial y post-municipal para su reutilización. Derivado de esta información, las estrategias del negocio se pueden enfocar a la Oferta del 74% que se encuentra dispersa y equivale a 415,583,000 toneladas.

6.3 Elaboración y Selección de Estrategias para el Diseño de la Cadena de Suministro de la Recicladora de PET.

Esta sección se enfoca a la elaboración de estrategias con ayuda de las herramientas de planeación estratégica. El objetivo principal que se persigue es la formulación de estrategias con ayuda de las matrices del modelo de Fred. R. David, y compararlas con el análisis de la Industria, utilizando el modelo de Michael Porter. Al final se obtendrán las estrategias que el proyecto con enfoque de negocio puede utilizar.

La elaboración de estrategias para la Recicladora se genera utilizando las siguientes matrices: MEFI (Matriz de Evaluación del Factor Interno), donde se analizan las posibles fortalezas y debilidades de la Recicladora; MEFE (Matriz de Evaluación del Factor Externo), donde se analizan las amenazas y oportunidades de la misma; MPC (Matriz del Perfil Competitivo), donde se analizan los principales competidores. La primer matriz a desarrollar es la de fortalezas y debilidades, MEFI. Se compone de 17 factores, de los cuales se enuncian 10 fortalezas que podría tener la Recicladora al momento de su instalación y operación, así como 7 debilidades que pueden influir en la instalación de la misma. Se puede observar que el factor "Red logística para la recolección del insumo del 74% libre", tiene el peso mayor con 0.15. Lo que significa, que con la información analizada en la determinación de la Oferta, la Recicladora se puede enfocar al porcentaje que no es recolectado por la competencia y ganar así un mayor mercado. La calificación de 4 para este factor, representa el buen desempeño que puede tener la Recicladora, manejando su propia red de recolección. Este factor, se analiza dentro de las estrategias logísticas posteriormente. Todos los factores que se colocan en la matriz, presentan su justificación dentro de la misma con el análisis que se desarrolla en las siguientes secciones.

6.4 Composición de las Matrices del Modelo de David, Matriz MEFE, MEFI y Perfil Competitivo.

6.4.1 Matriz de Evaluación de Factores Externos (MEFE)

La matriz de evaluación de los factores externos, permite resumir y evaluar información económica, social, cultural, demográfica, ambiental, política, gubernamental, jurídica, tecnológica y competitiva. La elaboración consta de cinco pasos:

1. Haga una lista de los factores críticos o determinantes para el éxito identificados en el proceso de la auditoria externa. Abarque un total de entre diez y veinte factores, incluyendo tanto oportunidades como amenazas que afectan a la empresa y su industria. En esta lista, primero anote las oportunidades y después las amenazas. Sea lo más específico posible, usando porcentajes, razones y cifras comparativas en la medida de lo posible.

2. Asigne un peso relativo a cada factor, de 0.0 (no es importante) a 1.0 (muy importante). El peso indica la importancia relativa que tiene ese factor para alcanzar el éxito en la industria de la empresa. Las oportunidades suelen tener pesos más altos que las amenazas, pero éstas, a su vez, pueden tener pesos altos si son especialmente graves o amenazadoras. Los pesos adecuados se pueden determinar comparando a los competidores que tienen éxito con los que no lo tienen o analizando el factor en grupo y llegando a un consenso. La suma de todos los pesos asignados a los factores debe sumar 1.0.

3. Asigne una calificación de 1 a 4 a cada uno de los factores determinantes para el éxito con el objeto de indicar si las estrategias presentes de la empresa están respondiendo con eficacia al factor, donde 4 = una respuesta superior, 3 = una respuesta superior a la media, 2 = una respuesta media y 1 = una respuesta mala. Las calificaciones se basan en la eficacia de las estrategias de la empresa. Así pues, las calificaciones se basan en la empresa, mientras que los pesos del paso 2 se basan en la industria.

4. Multiplique el paso de cada factor por su calificación para obtener una calificación ponderada.

5. Sume las calificaciones ponderadas de cada una de las variables para determinar el total ponderado de la organización.

Independientemente de la cantidad de oportunidades y amenazas clave incluidas en la matriz MEFE, el total ponderado más alto que puede obtener la organización es 4.0 y el total ponderado más bajo posible es 1.0. El valor del promedio ponderado es 2.5. Un promedio ponderado de 4.0 indica que la organización está respondiendo de manera excelente a las oportunidades y amenazas existentes en su industria. En otras palabras, las estrategias de la empresa están aprovechando con eficacia las oportunidades existentes y minimizando los posibles efectos negativos de las amenazas externas. Un promedio ponderado de 1.0 indica que las estrategias de la empresa no están capitalizando las oportunidades ni evitando las amenazas externas.

La matriz MEFE, considera que el factor más importante que afecta a la industria analizada, es la que presenta el mayor peso. Si la empresa está siguiendo estrategias que capitalizan muy bien dicha oportunidad, se señala con la calificación de 4. Cabe señalar que entender a fondo los factores que se usan en la matriz MEFE es, de hecho, más importante que asignarles los pesos y las calificaciones.

6.4.2 Matriz de Perfil Competitivo (MPC)

La matriz del perfil competitivo identifica a los principales competidores de la empresa, así como sus fuerzas y debilidades particulares, en relación con una muestra de la posición estratégica de la empresa. Los pesos y los totales ponderados de una MPC o una MEFE tienen el mismo significado. Sin embargo, los factores de una MPC incluyen cuestiones internas y externas; las calificaciones se refieren a las fuerzas y a las debilidades. Existen algunas diferencias importantes entre una MEFE y una MPC. En primer término, los factores críticos o determinantes para el éxito en una MPC son más amplios, no incluyen datos específicos o concretos, e incluso se pueden concentrar en cuestiones internas. En esta matriz el factor crítico de mayor importancia para el éxito, obtiene el mayor peso. La calificación de la compañía, se analiza sobre el esfuerzo y aprovechamiento sobre dicho factor y en relación a la Competencia. El total ponderado mayor, permite conocer cómo se desempeña la compañía en relación a la Competencia.

Una aclaración en cuanto a la interpretación: sólo porque una empresa obtenga una calificación mayor que otra en una matriz del perfil competitivo, no quiere decir que la primera empresa sea mejor que la segunda. Las cifras revelan la fuerza relativa de la empresa, pero la precisión implícita es sólo una ilusión. Las cifras no son mágicas. El propósito no es obtener una única cifra mágica, sino más bien asimilar y evaluar la información de manera sensata que sirva para tomar decisiones.

6.4.3 Matriz de Evaluación de Factores Internos (MEFI)

Este instrumento para formular estrategias resume y evalúa las fuerzas y debilidades más importantes dentro de las áreas funcionales de un negocio y además ofrece una base para identificar y evaluar las relaciones entre dichas áreas. Al elaborar una matriz MEFI es necesario aplicar juicios intuitivos, por lo que el hecho de que esta técnica tenga apariencia de un enfoque científico no se debe interpretar como si la misma fuera del todo contundente. Es bastante más importante entender a fondo los factores incluidos que las cifras reales. La matriz MEFI, es similar a la matriz MEFE y se desarrolla siguiendo cinco pasos:

1. Haga una lista de los factores de éxito identificados mediante el proceso de la auditoria interna. Use entre diez y veinte factores internos en total, que incluyan tanto fuerzas como debilidades. Primero anote las fuerzas y después las debilidades. Sea lo más específico posible y use porcentajes, razones y cifras comparativas.

2. Asigne un peso entre 0.0 (no importante) a 1.0 (absolutamente importante) a cada uno de los factores. El peso adjudicado a un factor dado indica la importancia relativa del mismo para alcanzar el éxito de la empresa. Independientemente de que el factor clave represente una fuerza o una debilidad interna, los factores que se consideren que repercutirán más en el desempeño de la organización deben llevar los pesos más altos. El total de todos los pesos debe de sumar 1.0.

3. Asigne una calificación entre 1 y 4 a cada uno de los factores a efecto de indicar si el factor representa una debilidad mayor (calificación = 1), una debilidad menor (calificación = 2), una

fuerza menor (calificación =3) o una fuerza mayor (calificación = 4). Así, las calificaciones se refieren a la compañía, mientras que los pesos del paso 2 se refieren a la industria.

4. Multiplique el peso de cada factor por su calificación correspondiente para determinar una calificación ponderada para cada variable.

5. Sume las calificaciones ponderadas de cada variable para determinar el total ponderado de la organización entera.

Sea cual fuere la cantidad de factores que se incluyen en una matriz MEFI, el total ponderado puede ir de un mínimo de 1.0 a un máximo de 4.0, siendo la calificación promedio de 2.5. Los totales ponderados muy por debajo de 2.5 caracterizan a las organizaciones que son débiles en lo interno, mientras que las calificaciones muy por arriba de 2.5 indican una posición interna fuerte. La cantidad de factores no influye en la escala de los totales ponderados porque los pesos siempre suman 1.0.

6.5 Matriz para formular Estrategias de las Amenazas, Oportunidades, Debilidades y Fortalezas (FODA)

La matriz FODA es un instrumento de ajuste importante que ayuda a desarrollar cuatro tipos de estrategias: estrategias de fuerzas y debilidades, estrategias de debilidades y oportunidades, estrategias de fuerzas y amenazas y estrategias de debilidades y amenazas. Observar los factores internos y externos clave es la parte más difícil para desarrollar la matriz y requiere juicios sólidos, además de que no existe una serie mejor de adaptaciones.

a) Las estrategias FO

Usan las fuerzas internas de la empresa para aprovechar la ventaja de las oportunidades externas. Cuando una empresa tiene debilidades importantes, luchará por superarlas y convertirlas en fuerzas. Cuando una organización enfrenta amenazas importantes, tratará de evitarlas para concentrarse en las oportunidades.

b) Las estrategias DO

Pretenden superar las debilidades internas aprovechando las oportunidades externas. En ocasiones existen oportunidades externas clave, pero una empresa tiene debilidades internas que le impiden explotar dichas oportunidades.

c) Las estrategias FA

Aprovechan las fuerzas de la empresa para evitar o disminuir las repercusiones de las amenazas externas. Esto no quiere decir que una organización fuerte siempre deba enfrentar las amenazas del entorno externo. Las empresas rivales que imitan ideas, innovaciones y productos patentados son una amenaza grave en muchas industrias.

d) Las estrategias DA

Son tácticas defensivas que pretenden disminuir las debilidades internas y evitar las amenazas del entorno. Una organización que enfrenta muchas amenazas externas y debilidades internas de hecho podría estar en una situación muy precaria. En realidad, esta empresa quizá tendría que luchar por supervivencia, fusionarse, atrincherarse, declarar la quiebra u optar por la liquidación.

6.5.1 Factores de Fortalezas.

Los factores que presentan una fortaleza que puede utilizar la Recicladora en operación son los siguientes:

A) Centros de Acopio Propios.

Analizando la información se plantea que establecer Centros de Acopio propios puede evitar la intermediación de proveedores que pueden estar aliados a Competidores. Además, con base en que China se lleva cerca del 80% del insumo acopiado y que éste viene principalmente de Centros de Acopio, así como de organismos importantes como ECOCE A.C, este factor tiene su justificación, en obtener las botellas PET, de forma independiente, reduciendo costos y sobretodo evitar "mafias" dentro de la recolección del insumo.

B) Implementar el Proceso de Reciclaje Químico.

El proceso de fabricación determina la oportunidad para un nuevo proyecto con una visión de crecimiento y áreas de oportunidad, que hasta el momento son poco exploradas en México y que permita un mayor valor agregado a comparación del proceso mecánico.

C) Establecer una Red Logística para la Recolección del Insumo.

Este factor se plantea como fortaleza, derivado al cálculo de la Oferta a nivel nacional. La oferta no controlada, es el principal factor de reciclaje de los centros de Acopio existentes, la mayor oferta se encuentra en los sitios controlados, con el 68%. Se plantea el diseño de una red de recolección que permita a la Recicladora obtener su propio insumo con flotilla propia y evitar enfocarse solo al 26% de oferta como lo realizan principalmente los Centros de Acopio establecidos, que venden el insumo a las empresas de reciclaje y atacar el 74% libre de oferta que no es considerado por ningún competidor.

D) Contar con capacidad de producción superior en 21% a las empresas de proceso mecánico.

Considerando el proceso químico, se desarrolla el cálculo de operación mensual, donde se observa que la Recicladora puede producir alrededor de 1,512 toneladas mensuales de pellet. Con base en la descripción de las empresas de reciclaje mecánico, se observa que hay empresas cuya capacidad pueden llegar a 1,000 toneladas/mes, tal es el caso de Tecnología de Reciclaje. Estimando empresas que puedan llegar hasta una capacidad de 1,200 toneladas/mes se realiza la siguiente operación:

$$\frac{\left(V_{Teo.} - V_{Exp.}\right)}{V_{Teo.}} = \frac{(1512 - 1200)}{1512} = 21\%$$

Lo que representa una capacidad mayor de la Recicladora en comparación con Competidores de proceso mecánico.

E) Promoción y Publicidad para fomentar el Reciclaje de PET.

Este factor se encamina hacia una estrategia de Marketing. La finalidad es crear campañas de concientización y motivación para estimular en la Sociedad el Reciclaje y poder obtener el insumo dentro de la Cadena de Suministro de forma independiente a organismos de acopio.

F) Investigación y Desarrollo para la fabricación de Contenedores de Recolección.

Contemplando el factor anterior, esta fortaleza se dirige a que la empresa innove en la forma de recolectar el insumo creando contenedores y colocarlos en lugares donde la Sociedad pueda realizar la actividad de reciclaje de tal forma, que se pueda reducir en costos de transporte para el negocio.

G) Control de Proveedores.

Este factor se relaciona con los factores de establecer Centros de Acopio propios y diseñar una red de recolección, el proveedor principal se enfoca en la adquisición de flotilla propia para manejar el flujo del insumo dentro de la Cadena, mejorando la eficiencia de la misma y creando un mayor valor agregado al negocio.

H) Calidad del Producto al obtenerse "Virgen".

Derivado del proceso químico, el producto final obtenido es un pellet cuyas propiedades químicas lo hacen reutilizable en la fabricación de envases y empaques de grado alimenticio. Esto crea mayor valor agregado al negocio en comparación de una hojuela obtenida con proceso mecánico, cuyas propiedades químicas no son purificadas y no permiten su uso en éste segmento de mercado.

I) Mano de Obra Calificada.

Esta fortaleza se enfoca en el reclutamiento y capacitación de personal, que contribuyan con ideas e innovación dentro de un área como puede ser Ingeniería del Producto o Marketing. El objetivo es encontrar mejoras al proceso y al producto, con la finalidad de reducir costos operativos y apoyar a la promoción y publicidad, con diseños de contenedores sencillos, llamativos o interesantes, que puedan contribuir a la concientización del reciclaje en la Sociedad.

J) Exportación del producto a Europa y Asia.

Este factor se enfoca a una estrategia cuya visión, permita al proyecto de negocio exportar el producto a países de estos continentes. La razón principal es el alto consumo de este insumo para la fabricación de diversos productos que son consumidos en estos países.

Estos son 10 factores de posibles fortalezas que pueden crear una ventaja competitiva a un nuevo proyecto de negocio. Ahora se analizaran los factores que pueden ser las principales debilidades en la creación del mismo proyecto de negocio.

6.5.2 Factores de Debilidades.

Dentro del análisis de las debilidades internas que puede tener un nuevo proyecto de negocio en su instalación, se establecen los siguientes:

A) Falta de Capital de Inversión.

Este factor se puede convertir en la principal debilidad para establecer una Recicladora de este tipo. Se debe de contar con una inversión considerable para adquirir un proceso químico y tenerlo en operación.

B) Diseño de Sistemas de Información.

En la actualidad las tecnologías de información permiten crear y manejar de forma eficiente el producto de un negocio. A inicios es probable que el negocio no cuente con este tipo de sistemas debido a la inversión que se necesita para adquirirlos. Sin embargo, si se cuenta con un adecuado sistema logístico, puede contribuir a la operación correcta del negocio y considerar a futuro, la adquisición de software especial, para manejar de mejor forma dicho sistema.

C) Falta de una Planta de Separación de Residuos Sólidos.

Existen competidores importantes que cuentan con plantas de separación de residuos. Promotora Ambiental PASA, es un ejemplo de que al contar con plantas de separación de residuos, les permite obtener mayores ingresos, ya que venden distintos materiales clasificados en estas plantas a diversos sectores de reciclaje, además les permite obtener insumos de PET, más limpios, en la entrada de su proceso, evitando así contaminantes que pueden venir en la compra de pacas de otros acopiadores.

D) Falta de Rellenos Sanitarios Propios.

Relacionado con el factor anterior, establecer rellenos sanitarios en diversos estados del país, permite contar con almacenes más amplios para la adquisición y venta de diversos insumos. Este factor puede ser importante, ya que como se mostró en el cálculo de la Oferta, el 68% se encuentra en sitios controlados, siendo los rellenos sanitarios los principales sitios. Promotora Ambiental PASA, obtiene mayores ingresos y ventajas al contar con sus propios rellenos sanitarios.

E) Flotilla propia limitada.

Para contar con una mayor recolección y distribución del insumo, se requiere de una cantidad de unidades vehiculares considerable para concentrar el 74% de oferta libre. Sin embargo, en la instalación de un nuevo proyecto y derivado de la inversión limitada, se debe de adquirir la flotilla mínima necesaria para recolectar la mayor cantidad de este insumo.

F) Adquisición de Maquinaría de Importación causando mayor atención al Mantenimiento.

La adquisición de maquinaria es fundamental para instalar una Recicladora, ambos procesos, mecánico y químico pueden requerir adquirir maquinaría extranjera. Sin embargo, en el caso del reciclaje químico en México, debido a la escases de maquinaría para el mismo, se debe depender más de la importación. Un problema que se puede presentar, es al momento de dar mantenimiento a la maquinaría, debido a que al no conocer las especificaciones o la funcionalidad del equipo, los encargados de mantenimiento pueden realizar ajustes o correcciones, derivados más de la intuición que del conocimiento del equipo. Esto causa poner mayor atención al mantenimiento de las máquinas del proceso para evitar tiempos muertos y poca productividad.

G) Costos de operación del Reciclaje Químico.

Para instalar este proceso se deben conocer los costos de operación del mismo. La cantidad de energía eléctrica, mantenimiento de máquinas, contratación y capacitación de personal, etcétera. Pueden elevar los gastos del negocio, por lo que es importante contar con un buen sistema logístico y estrategias de marketing, para garantizar un punto de equilibrio, donde el negocio perciba mayores ingresos en relación a los gastos del proceso. Si no se maneja bien este factor puede afectar considerablemente a la recicladora, una vez instalada y en operación.

Estos factores son evaluados en la matriz MEFI. Cabe mencionar, que estos factores son considerados como posibles fortalezas y debilidades de la empresa, para analizar su instalación, así como su operación una vez instalada.

Factores determinantes del Éxito	Peso	Calificación	Peso Ponderado
Fortalezas internas			
1. Centros de Acopio propios.	0.1	4	0.4
2. Proceso de Reciclaje Químico.	0.1	3	0.3
3. Red Logística para la Recolección del insumo (Oferta del 74% libre)	0.15	4	0.6
4. Capacidad de producción superior a las Empresas de Reciclaje Mecánico del 21%	0.06	3	0.18
5. Promoción y Publicidad para fomentar el Reciclaje de PET.	0.06	3	0.18
6. Investigación y Desarrollo para la Fabricación de Contenedores de Recolección.	0.04	3	0.12

Factores determinantes del Éxito	Peso	Calificación	Peso Ponderado
7. Control de Proveedores.	0.05	4	0.2
8. Calidad del Producto al obtenerse "Virgen".	0.03	3	0.09
9. Mano de Obra Calificada.	0.03	3	0.09
10. Exportación del producto a Europa y Asia.	0.03	3	0.09
Debilidades internas			
1. Falta de Capital de Inversión.	0.1	1	0.1
2. Diseño de sistemas de información.	0.05	1	0.05
3. Falta de una Planta de Separación de residuos sólidos.	0.025	2	0.05
4. Falta de Rellenos Sanitarios propios.	0.025	2	0.05
5. Flotilla propia limitada a un cierto número de unidades para la Recolección y Distribución.	0.08	1	0.08
6. Adquisición de Maquinaria de Importación causando mayor atención al Mantenimiento.	0.02	2	0.04
7. Costos de Operación del Reciclaje Químico más elevados.	0.05	2	0.1
TOTAL	1		**2.72**

Tabla 1.3 Matriz del Factor Interno de la Recicladora.
Elaboración Propia.

El total ponderado de 2.72, representa que la Recicladora puede aprovechar de mejor forma sus fortalezas ante sus debilidades, obteniendo una mayor ventaja competitiva en el Mercado. Una vez elaborada la matriz MEFI, se procede a elaborar la matriz de evaluación de oportunidades y amenazas, MEFE. Se determinan los factores que determinan el éxito dentro de la misma y se presenta su justificación dentro del siguiente análisis.

6.5.3 Factores de Oportunidades.

Se determinan 11 factores que pueden generar estrategias competitivas al proyecto de instalación. El análisis es el siguiente:

A) Creación de políticas gubernamentales para el Consumo de Productos Biodegradables y Reciclables.

En la actualidad, las entidades federales, estatales y municipales, se empiezan a interesar por el Impacto ambiental. Debido a esto, se empiezan a crear iniciativas donde los fabricantes de productos que contribuyen a dicho impacto se empiecen a comprometer con el Medio Ambiente. Así mismo, se busca que la Sociedad empiece a concientizar en la clasificación de su basura domiciliaria. Esto puede generar una oportunidad al negocio, ya que al facilitar la clasificación de la basura permite obtener el insumo de mejor forma en términos de separación, limpieza y volumen.

B) Lanzamiento de convocatorias de los Municipios para la Recolección de RSM y RSU en zonas comerciales, industriales y domésticas.

Las licitaciones son la clave para permitir el acceso de flotilla propia de empresas de reciclaje dentro de las comunidades. El poder ganar las convocatorias de licitación, permite recolectar este insumo en colonias donde se garantiza que sólo la flotilla vehicular de esa empresa recolecte los residuos de ese sector.

C) Crecimiento de la Demanda Mundial de Envases de PET del 7 al 13% anual.

El segmento de mercado que más crece año con año es el de botellas. La oportunidad del reciclaje químico, permite obtener mayores ingresos en este segmento y explotar esta oportunidad, otorga una mayor ventaja competitiva al proyecto de instalación del negocio.

D) Sólo se recolecta entre el 20 y 26% a nivel nacional.

Como se mostró en el cálculo de la oferta. Existe mucho material pero poca efectividad para su recolección. La oportunidad de diseñar una red logística, que permita recolectar el insumo de mejor forma, apoya no sólo a la creación de valor del negocio, también a la reducción de residuos cuyo potencial de reutilización es importante.

E) El Mercado de Envases (alrededor del 15%) empieza a utilizar del 10 al 25% de resina reciclada por envase dentro de sus procesos de fabricación.

La Industria del envase emplea entre un 10 y un 25% de resina reciclada. La oportunidad de crear pellets de PET, con proceso químico en un país donde es casi inexistente, permite crear una mayor ventaja competitiva a la creación de negocio de la Recicladora.

F) El Reciclaje Químico es casi inexistente en México.

Relacionado al factor anterior, la oportunidad de ser una de las primeras empresas con este tipo de proceso, permite posicionarse en el Mercado de mejor forma. Considerando que la mayoría de las empresas en la actualidad utilizan sólo proceso mecánico y que tarde o temprano se darán cuenta de que deberán ajustarse a este proceso debido a la tendencia que presenta, permite al proyecto de negocio, configurar sus instalaciones de forma adecuada, para competir y ganar mayor mercado.

G) La mayoría de la competencia son empresas informales y pequeñas que laboran de forma improvisada.

En la actualidad existen empresas de tipo formal e informal. Sin embargo, muchas de las que son de tipo informal, terminan siendo absorbidas o desaparecen del Mercado, debido a sus limitaciones de capacidad, así como de capital de inversión. Lo anterior debido a que se instalan pensando en participar dentro del mismo proceso mecánico, el cual ya ha sido bastante explotado y no genera un mayor crecimiento. Instalarse con proceso químico, permite entrar al Mercado con una mayor visión y genera una mejor ventaja, por lo que la competencia no se convertiría en una limitación para participar en la Industria de Reciclaje.

H) Carencia de un sistema logístico adecuado.

Como se observa en el cálculo de la oferta, existe bastante material para recolectar, no así una adecuada gestión logística para su recolección. Diseñar una red logística, puede generar la oportunidad de recolectar de mejor forma este insumo y ganar en competitividad.

I) Posibilidad de un clúster de Reciclaje en México.

El contar con un sistema logístico, permite a futuro ampliar la cadena de suministro de la Industria de Reciclaje. La oportunidad se puede presentar, si la visión de los organismos gubernamentales y el sector que participa en la Industria Recicladora, promueve la creación de clústeres, donde se demande más los productos derivados del RPET. De esta forma, se garantiza seguir reciclando y procesando PET. Además de contar, con todos los beneficios que se derivan de los mismos clústeres, como la creación directa e indirecta de empleos y el crecimiento de la economía nacional.

J) México ocupa el 3° lugar a nivel mundial en el consumo de refrescos cuyo envase es de PET.

La oportunidad de instalar un negocio de reciclaje, se basa en que las tendencias de consumo de refrescos y agua, cuyo envase es PET, crecerán en los siguientes años. Además, es probable, que la Industria Cervecera, pueda incluir esta presentación, dentro de sus marcas en el futuro. Este factor justifica, la oportunidad de crear el negocio y no sólo agregar una empresa más al Mercado.

K) Apoyo en la reducción del 50% de impuestos sobre nóminas a proyectos o empresas que combatan el deterioro ecológico.

Este es un incentivo que promueve la creación de negocios de este tipo. Reducir la contaminación ambiental y ganar como empresa, forma parte del llamado Desarrollo Sustentable, la estrategia se basa en el *"pensamiento ganar-ganar"*, el cual puede propiciar un mejor entendimiento con las entidades gubernamentales.

Los factores anteriores, permiten analizar y elaborar estrategias para aprovechar las oportunidades dentro de la creación de un nuevo proyecto de negocio. Sin embargo, se deben considerar de igual forma, las amenazas posibles que afecten al mismo.

6.5.4 Factores de Amenazas.

A continuación se enlistan 8 factores que representan las amenazas que pueden afectar la instalación del negocio. El análisis de cada factor y su justificación, se presenta de la siguiente forma:

A) Falta de Cultura Ambiental.

La falta de cultura ambiental en la Sociedad puede representar una amenaza, para el análisis de instalación de un nuevo negocio de reciclaje. El formular las mejores estrategias para promover la concientización y poder obtener así el insumo de forma independiente a los organismos acopiadores ya existentes, desempeña un factor importante de análisis.

B) La exportación de RPET cubre para abastecer a países como China y Estados Unidos.

China es uno de los países que más compra PET en México. Por lo que se debe considerar a este país como otro competidor más del Mercado, quizá el más importante debido a sus alianzas con organismos acopiadores importantes. La importancia de formular adecuadas estrategias logísticas, obtendrá su valor en la obtención del insumo, al no permitir que países como China, "dominen" la compra del material reciclado, evitando así, detonar el mercado del reciclaje en México.

C) Variación en el precio de RPET debido a los precios de: petróleo, fibras sintéticas, Tasa de Cambio peso - dólar y resinas vírgenes.

La amenaza más importante para instalar un nuevo negocio de este tipo, se ve en los precios de venta de su producto final. Las variaciones de precio de petróleo, fibras sintéticas y la tasa de cambio, son factores que no se pueden controlar en el nuevo negocio. Se deben establecer acciones que encaminen al mismo a obtener una rentabilidad, considerando estas variaciones para obtener competitividad.

D) El Mercado de Fibras Textiles consume alrededor de un 54.5% de RPET.

La industria Textil, es el mayor consumidor de esta resina reciclada. La resina química también puede ser utilizada por este sector. Puede influir en el mercado, si establecen alianzas con otros organismos de acopio para afectar dentro del sistema logístico del nuevo negocio.

E) Empiezan a entrar al Mercado "Grandes Competidores" con miras al reciclaje químico.

Existen 4 empresas de reciclaje, que participan o intentan participar en México, con el reciclaje químico. Estos competidores se pueden convertir en una amenaza importante, debido a que son empresas que ya cuentan con un Capital de Inversión suficiente, para adquirir la tecnología necesaria e impedir el crecimiento de un nuevo negocio, a través de alianzas con proveedores y clientes del insumo.

F) Control de los Proveedores por la Competencia.

Las empresas de reciclaje que ya cuentan con alianzas con organismos acopiadores, pueden impedir la recolección de este insumo, para una nueva empresa. He aquí la importancia de diseñar un sistema logístico propio, para evitar esta amenaza y obtener valor agregado.

G) Falta de Incentivos económicos para motivar a la recolección a través de la "pepena".

Una de las principales fuentes del insumo, se da a través de la "pepena". Sin embargo, no existe una motivación mayor para que estas personas, sigan recolectando más este material en comparación de los compuestos por aluminio y fierro. Este factor se puede convertir en una amenaza considerable, ya que si se llega al punto en que el pepenador ya no decida recolectar más este material, afecte el sistema logístico, no sólo de un nuevo negocio, sino de las empresas ya existentes.

H) Falta de Acopio y de cumplimiento de las características del material acopiado.

Las características en la que se decide comprar botellas PET, son muy definidas y rigurosas. La falta de recolección, así como de las características del mismo material acopiado, elevan los costos de un nuevo negocio.

Los factores anteriores, se deben analizar para elaborar estrategias que permitan aprovechar de mejor forma las oportunidades ante las amenazas. Los pesos ponderados son asignados, con base en el grado de importancia que se considera el factor analizado. Las calificaciones, representan el aprovechamiento de la oportunidad del negocio en relación a las amenazas del mismo, considerando cada factor.

Factores determinantes del Éxito	Peso	Calificación	Peso Ponderado
Oportunidades			
1. Creación de políticas gubernamentales para el Consumo de Productos Biodegradables y Reciclables.	0.08	2	0.16
2. Lanzamiento de convocatorias de los Municipios para la Recolección de RSM y RSU en zonas comerciales, industriales y domésticas.	0.06	2	0.12
3. Crecimiento de la Demanda Mundial de Envases de PET del 7 al 13% anual.	0.075	3	0.225
4. Solo se recolecta entre el 20 y 26% a nivel nacional.	0.10	3	0.3
5. El Mercado de Envases (alrededor del 15%) empieza a utilizar del 10 al 25% de resina reciclada por envase dentro de sus procesos de fabricación.	0.025	3	0.075
6. El Reciclaje Químico es casi inexistente en México.	0.08	4	0.32
7. La mayoría de la competencia son empresas informales y pequeñas que laboran de forma improvisada.	0.035	3	0.105
8. Carencia de un sistema logístico adecuado.	0.035	4	0.14
9. Posibilidad de un *clúster* de Reciclaje en México.	0.035	2	0.07
10. México ocupa el 2° a nivel mundial en el consumo de refrescos cuyo envase es de PET.	0.035	3	0.105
11. Apoyo en la reducción del 50% de impuestos sobre nóminas a proyectos o empresas que combatan el deterioro ecológico.	0.02	4	0.08
Amenazas			
1. Falta de Cultura Ambiental.	0.05	2	0.1
2. La exportación de RPET cubre un 80% para abastecer a países como China y Estados Unidos.	0.06	3	0.18

Factores determinantes del Éxito	Peso	Calificación	Peso Ponderado
3. Variación en el precio de RPET debido a los precios de: petróleo, fibras sintéticas, Tasa de Cambio peso - dólar y resinas vírgenes.	0.07	3	0.21
4. El Mercado de Fibras Textiles consume alrededor de un 54.5% de RPET.	0.02	2	0.04
5. Empiezan a entrar al Mercado "Grandes Competidores" con miras al reciclaje químico.	0.035	2	0.07
6. Control de los Proveedores por la Competencia.	0.065	2	0.13
7. Falta de Incentivos económicos para motivar a la recolección a través de la "pepena".	0.075	2	0.15
8. Falta de Acopio y de cumplimiento de las características del material acopiado.	0.045	2	0.09
TOTAL	1		**2.67**

Tabla 1.4. Matriz del Factor Externo de la Recicladora.
Elaboración Propia.

Los resultados de la matriz MEFE, reflejan que el negocio puede capitalizar mejor sus oportunidades ante sus amenazas, considerando su instalación. Con ayuda de estas matrices se puede elaborar una matriz FODA, para la elaboración de estrategias. Posteriormente, se procede a realizar una matriz donde se evalúa a la industria del Reciclaje de PET en México.

Para este análisis se usa el modelo de las **Cinco Fuerzas de Porter**, para determinar el nivel en el que se encuentra la industria en cada fuerza. La combinación del modelo de Porter y el Modelo de David, permite seleccionar estrategias relacionadas al análisis de la Industria, lo que enriquece la elaboración de las mismas y contribuye a generar valor al nuevo proyecto de instalación.

Fuerza Competitiva	Característica en la Industria	Nivel	Observación
FUERZA A **Carácter de la Rivalidad entre Competidores.**	FA1: Realizan alianzas con organismos de Acopio para que les surtan a ellos, cerrando así los canales de suministro.	**Alto**	Existe respeto entre los competidores grandes para segmentar su mercado y su acopio.
	FA2: China compra alrededor del 75 al 80% del producto a precios motivadores, bloqueando así la permanencia del insumo para su fabricación en México.		
	FA3: El alto Capital de las grandes empresas para la compra de tecnología dentro de sus procesos y competir de mejor forma.		
FUERZA B **Amenaza de Nuevos Participantes.**	FB1: Se requiere de gran inversión dependiendo del tipo de proceso de reciclado.	**Bajo**	Se necesita gran capital para su creación. Además, en un inicio aparentemente entran varias empresas, pero al trabajar de forma improvisada e informal terminan desapareciendo o fusionándose con los "Grandes". Se necesita conocimiento y mayor apoyo legislativo.
	FB2: Las empresas y organismos existentes bloquean la información, dificultando el conocimiento técnico y administrativo para instalar un nuevo proyecto.		
	FB3: Se debe contar con un producto de transformación de PET adicional para poder competir y subsistir.		
	FB4: Se deben afiliar a ECOCE, INARE o APREPET para el conocimiento de convocatorias de licitación, información de mercado, etcétera.		
	FB5: Tener flotilla propia o un buen entendimiento con proveedores del insumo, que en la mayoría son pepenadores.		

Fuerza Competitiva	Característica en la Industria	Nivel	Observación
FUERZA C **Amenaza de Productos o Servicios Sustitutos.**	FC1: No hay sustitutos a precios competitivos.	Bajo	El RPET no es sustituible por otro material ya que es obtenido de los desechos para sustituir insumos más costosos.
	FC2 El RPET es un producto que empieza a tener crecimiento en México. (En Europa y Asia ya ha sido comprobado su éxito)		
	FC3: Tiene bastantes aplicaciones dentro de la industria de transformación.		
FUERZA D **Poder Negociador de los Proveedores.**	FD1: Se debe comprar el insumo al proveedor (pepenador) a un precio favorable, ya que de no ser así, éste irá con un competidor.	Intermedio	Lo principal es incentivar económicamente a los pepenadores para que siga existiendo y aumente la recolección del insumo.
	FD2: Los centros de acopio deben recolectar este material cumpliendo los requerimientos de las empresas si desean subsistir.		
	FD3: La falta de Legislación propicia el lanzamiento de convocatorias para el manejo de los residuos sólidos a nivel nacional.		
FUERZA E **Poder Negociador de los Compradores.**	FE1: No existe una "fidelidad" a una sola empresa de reciclaje.	Intermedio	Lo principal es detonar la demanda del RPET en otros mercados para hacer más interesante la cadena del Reciclaje.
	FE2: El mayor Mercado es el de Fibras Textiles, al cual la mayoría de las empresas les venden, propiciando así una baja en sus precios de venta.		
	FE3: Falta ampliar la Demanda del Insumo.		

Tabla 1.5 Matriz de las Cinco Fuerzas de Porter para analizar la Industria. Elaboración Propia.

El modelo Porter permite identificar una perspectiva de negocio del reciclaje en México, lo que puede generar ideas en la formulación del proyecto de inversión que directamente inciden en el estudio de mercado y el estudio financiero para la creación de la empresa de reciclaje.

6.6 Estrategias para la Formulación del Proyecto.

Las estrategias obtenidas con herramientas de planeación estratégica serán sometidas a un análisis posterior, la finalidad es compararlas con las estrategias logísticas y determinar que estrategias finalmente se pueden implantar en el proyecto de instalación del negocio.

6.6.1 Estrategias DO.

A) Concentrarse en la mayor oferta posible con base a municipios cuyos habitantes sean mayores a 50,000 habitantes y adquirir experiencia.

Para esta estrategia, se puede basar en el cálculo de la oferta por ciudades, dentro del sistema logístico de recolección, mostrado anteriormente, y buscar en INEGI, aquellos municipios cuyos habitantes sean mayores a 50,000 habitantes, concentrándose en los estados de la República que den el suministro adecuado en el diseño de la red, estos estados se obtendrán posteriormente en el diseño de la red logística, posteriormente, monitorear las rutas de transporte encargadas a la recolección de estos residuos, para esto se participa en licitaciones y se adquiere experiencia en inicios en pocas zonas, para posteriormente participar en licitaciones de recolección de residuos de municipios más grandes. Solo para comparar, Promotora Ambiental, se enfoca a municipios mayores a 50,000 habitantes para el crecimiento de su negocio. El objetivo de esta estrategia es adquirir experiencia en el manejo de residuos.

B) Buscar Financiamientos que apoyen al gasto operativo de la empresa para la adquisición de flotilla y maquinaria del proceso.

Naturalmente, todo inicio de proyecto requiere de una inversión por parte de los accionistas y un financiamiento, para cubrir aquellos gastos que no alcanzan a ser sostenidos con el capital social. Esta estrategia, se basa en el desarrollo de un Estudio Económico inicial, para la adquisición de maquinaria de proceso y de flota vehicular. Posteriormente, en el diseño de red, se analizará el número de vehículos necesarios y sus capacidades, para el inicio de operaciones, por lo que la estrategia se fundamenta en el desarrollo de este estudio, que dentro del objetivo de investigación de este proyecto, no se elabora. Sin embargo, se hace la referencia del alcance posterior de este estudio para su desarrollo.

6.6.2 Estrategias FO.

A) Localizar la planta dentro de la red donde mayor oferta se pueda obtener con base en el 74% no recolectado para reducir los costos de transporte.

Como se mencionó en la elaboración de las matrices, una de las fortalezas internas de la empresa, es crear su propia red logística. El diseño de esta red debe ayudar al adecuado flujo del insumo, tanto recolectado como distribuido, con base en los 32 estados de la República Mexicana. En los cálculos anteriores de la oferta, se conoce que el 74% de los residuos de PET, se encuentran disponibles a nivel nacional, esto dato genera como planteamiento enfocarse a las toneladas generadas de PET y capturar la cantidad necesaria diaria para el crecimiento de la empresa.

B) Detonar el Mercado del Reciclaje, ampliando la diversificación de aplicaciones del insumo químico a comparación del proceso mecánico, que es más limitado.

La principal demanda en que la empresa participaría sería para el mercado de envases, es decir, obtener botellas nuevas a través de botellas recicladas, conocido en inglés como "Bottle to Bottle o B2B", para esto se necesita de la creación de una área de Marketing, la cual elabore encuestas de mercado, calcule la demanda y observe las tendencias de las preferencias del cliente y del usuario final del producto.

6.6.3 Estrategias FA.

A) Establecer Centros de Acopio dentro de la Red, para el control de proveedores propios y asegurar un suministro constante del insumo.

Ligada a la fortaleza interna de la empresa en el desarrollo de una red logística, esta estrategia considera el análisis de otra clasificación de estrategias, en este caso la **integración hacia atrás**, permite el control de proveedores para el insumo, una forma de aprovechar la red logística y minimizar los costos de transporte, es ubicando centros de acopio, cuya flota vehicular recolecte residuos de dos fuentes principales: Rellenos sanitarios y del Consumidor. Esto genera otros planteamientos para conseguir el insumo de estas dos fuentes.

Para conocer como influir y concientizar al consumidor, el objetivo de la Recicladora es crear un área de Marketing, que elabore la investigación de mercado pertinente y contar con un área de Ing. Del Producto, la cual realice diseños no solo en proceso y producto, sino en la fabricación de contenedores, compactadoras tanto en flota vehicular como en el mismo contenedor. Los esfuerzos de estas dos áreas, pueden hacer que gran parte de lo que se encuentra en el Impacto Ambiental, se reduzca y se gane en competitividad al tener un suministro propio. Finalmente, en esta etapa del consumidor, se pueden colocar contenedores en plazas comerciales, cines, estadios de futbol, estaciones de metro con mayor concurrencia, parques grandes y en eventos masivos.

El diseño del contenedor no es la finalidad del objetivo de esta investigación. Sin embargo, se puede mencionar que parte de su elaboración debe tener incluida una compactadora, para que al momento de que el camión lo recoja, sea mínimo el peso y entre mayor capacidad al vehículo, por lo que la capacidad debe de ser de $30m^3$. Además, contar con un programa de apoyo escolar, donde se premie con material de computo entre otras necesidades a aquellas escuelas que puedan reunir más de 1 tonelada de PET, ya sea mensual o bimestralmente.

Estos contenedores se ubicarían dentro de dichas escuelas que participen en el programa. El análisis de la segunda fuente, se enfoca a los rellenos sanitarios, tiraderos o estaciones de transferencia. Estos son los sitios controlados por las entidades estatales y municipales. Contienen toda la basura mezclada, por lo que se pueden establecer convenios con las autoridades, para que en la recolecta del material, sea haga posible un porcentaje de separación de PET, principalmente comprar a los pepenadores, que son los que separan los materiales reciclables de esta basura y con ayuda de la estrategia de recolección de flota vehicular propia, minimizar el 68% que entran de residuos PET a los rellenos sanitarios, para aprovechar más este insumo.

La finalidad de los centros de acopio es recibir el material de estas dos fuentes y mandarlas a la planta de reciclaje. Sin embargo, hay características con las cuales el Centro de Acopio debe de contar para recibir material y antes de enviar el mismo a la planta. Las funciones del Centro de Acopio serán:

- Recibir el insumo de los vehículos que recojan los contenedores ubicados estratégicamente para el Consumidor.
- Recibir el insumo de los vehículos que recolectan material en zonas domiciliarias, comerciales e industriales.
- Recibir el insumo de los vehículos cuyo origen son los Sitios Controlados por las Autoridades Estatales y Municipales.
- Separar botellas infladas y compactadas o trituradas.
- Reducir parcialmente, con una separación manual, aquellos residuos que contaminen las botellas infladas.
- Convertir en pacas de 250 a 300 kg. Botellas infladas, si es que estas ocupan más del 40% de espacio del Centro.
- Comprar aquellas botellas que el consumidor, pepenador, u otro medio desee vender al Centro.
- Monitorear las rutas de los vehículos, mantenimiento, servicio al cliente. Así mismo, apoyar en los problemas que se presenten en dichas unidades, para dar corrección y si es necesario enviar a la planta principal para mejora del vehículo.
- Enviar las cantidades requeridas conforme la capacidad del centro y la capacidad de la planta.

Básicamente estas serían las políticas implantadas a la operación de los Centros de Acopio.

B) Pagar un 50% más sobre los precios de compra de Kg/ PET a los "pepenadores" para su motivación.

El principal insumo en la cadena de suministro es el pepenador con el PET acopiado, se pueden establecer programas de incentivos, fundaciones o cooperativas donde los pepenadores puedan recibir un precio mayor al que le compran los competidores para mantener un suministro constante de PET.

6.6.4 Estrategias DA.

1. Enfocarse al 74% no recolectado a nivel nacional para evitar las "mafias" entre proveedores existentes y su alianza con China.

El objetivo que se persigue aquí es el de evitar que la competencia entorpezca el flujo del insumo dentro de la cadena de suministro de la Recicladora. Para esto, se conoce que existe una oferta no recolectada del 74%, razón por la cual hay mucho insumo que recolectar sin la necesidad de buscar las mismas fuentes de ingreso de botellas PET, que utilizan los competidores. Además, con ayuda de las estrategias anteriores, se ha buscado que la Recicladora tenga sus propias fuentes de insumo, y que la compra de insumo con proveedores sea lo más limitado posible. Esta estrategia busca a su vez, recolectar material compitiendo con China, ya que en México, no sólo se debe de tomar la competencia nacional, sino la internacional. Sin embargo, gracias a la oferta calculada, se puede competir en el mercado.

6.7 Selección del Proceso de Producción.

Como se ha mencionado con anterioridad, el reciclaje mecánico es el más utilizado en México. Su mayor mercado es el de fibras textiles, se necesita de una inversión considerable para la adquisición de máquinas y mano de obra, además de una separación bien definida del insumo, entre otros requisitos para poder procesarlo, como son: limpieza, tamaño y color.

Las máquinas más empleadas para la elaboración de la hojuela y sus capacidades de producción, son:

- 2 bandas transportadoras.
- 5 separadores de etiquetas con capacidad de 1,200 kg/h cada uno.
- 7 trituradoras con capacidad de 900 kg/h cada una.
- 5 pre lavadoras con capacidad de 1,200 kg/h cada una.
- 2 lavadoras y 2 secadoras con capacidad de 3,000 kg/h cada una.
- Silos de almacenaje.

Con lo que se puede calcular que para una jornada de 9 horas, laborando con una semana de seis días empezando el Lunes y terminando el Sábado, la producción estimada, con base en la máquina más lenta, seria de:

$$6000 \text{ kg} \times 9 \text{ horas} = 54,000 \frac{\text{kg}}{\text{dia}} \times 6 \text{ dias} = 324,000 \frac{\text{kg}}{\text{semana}} \times 4 \text{ semanas}$$

$$= 1,296,000 \frac{\text{kg}}{\text{mes}} \times 12 \text{ meses} = \mathbf{15,552 \text{ toneladas anuales}}$$

El primer día de apertura de la Recicladora se realizarían 5 lotes, pero posteriormente se obtendrían 9 lotes que fueron calculados con base a la capacidad de la máquina más lenta, con lo que se justifica el número de máquinas a emplear y la producción diaria obtenida de 54 toneladas, cantidad razonable para poder competir con empresas que utilizan este tipo de proceso.

El inventario seria nulo en proceso, debido a que cada día, en cada etapa del proceso restarían 6 toneladas, para procesarse inmediatamente a la primera hora del día siguiente, razón por la cual, en términos teóricos, siempre se obtendrían los 9 lotes del proceso.

DIAGRAMA SINÓPTICO

Diagrama No 1	Hoja: 1 de: 1	Método: Actual / ~~Propuesto~~
Producto: Hojuela de PET Reciclado (RPET)		Lugar: Recicladora Propuesta
		Operario:
Actividad: Reciclaje Mecánico para Elaboración de Hojuela de PET		Compuesto: Humberto Durán.
		Fecha: 12 de septiembre de 2009.

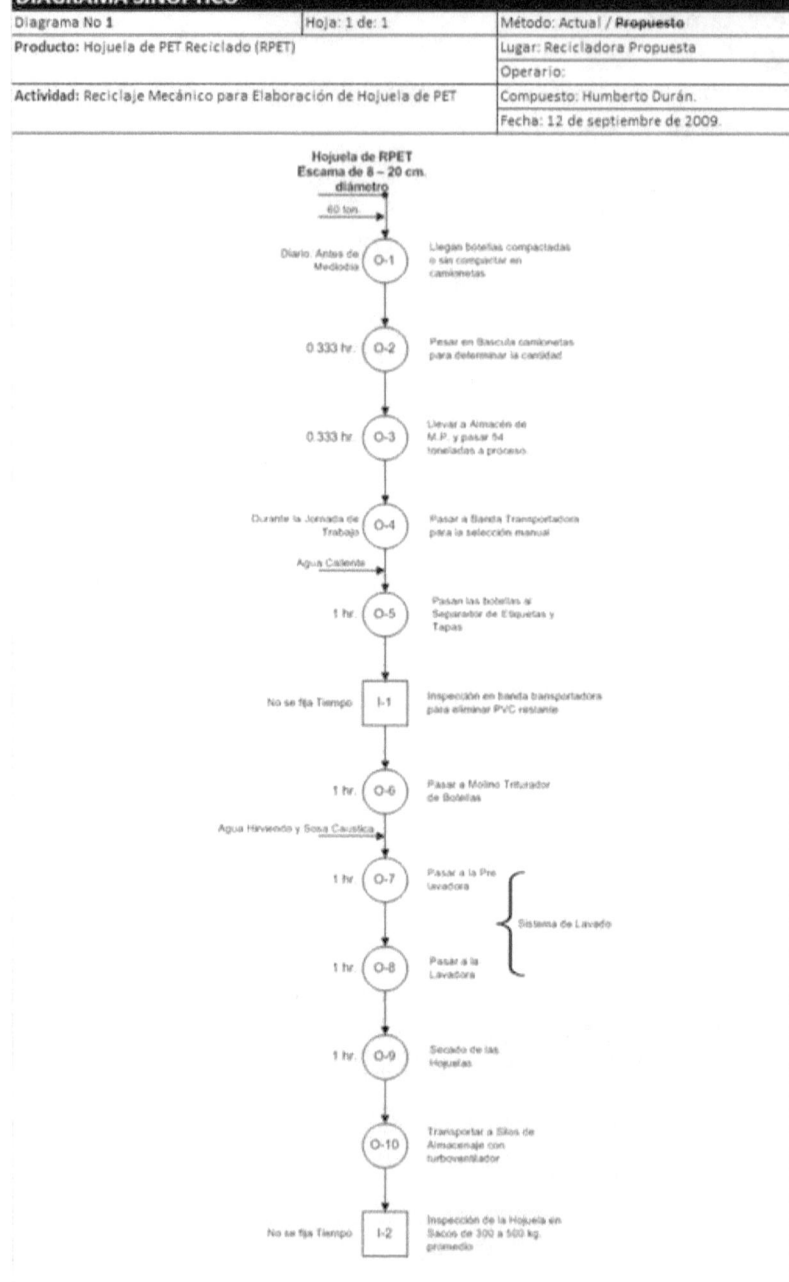

Hojuela de RPET
Escama de 8 – 20 cm.
diámetro

60 ton.

Diario. Antes de Mediodía — O-1 — Llegan botellas compactadas o sin compactar en camionetas

0.333 hr. — O-2 — Pesar en Bascula camionetas para determinar la cantidad

0.333 hr. — O-3 — Llevar a Almacén de M.P. y pasar 54 toneladas a proceso.

Durante la Jornada de Trabajo — O-4 — Pasar a Banda Transportadora para la selección manual

Agua Caliente

1 hr. — O-5 — Pasan las botellas al Separador de Etiquetas y Tapas

No se fija Tiempo — I-1 — Inspección en banda transportadora para eliminar PVC restante

1 hr. — O-6 — Pasar a Molino Triturador de Botellas

Agua Hirviendo y Sosa Caustica

1 hr. — O-7 — Pasar a la Pre Lavadora

1 hr. — O-8 — Pasar a la Lavadora

Sistema de Lavado

1 hr. — O-9 — Secado de las Hojuelas

O-10 — Transportar a Silos de Almacenaje con turboventilador

No se fija Tiempo — I-2 — Inspección de la Hojuela en Sacos de 300 a 500 kg. promedio

	RESUMEN	
Actividad	**Cantidad**	**Tiempo**
Operaciones	10	5.667 hrs.
Inspecciones	2	NA
Total	12	5.667 hrs.

DIAGRAMA SINÓPTICO			
Diagrama No **1**	Hoja: 1 de: 1		Método: Actual / ~~Propuesto~~
Producto: Chips de Pet Reciclado.			Lugar: Recicladora Propuesta
			Operario:
Actividad: Reciclaje Quimico para la Elaboración de Chips.			Compuesto: Humberto Durán.
			Fecha: 12 de septiembre de 2009.

Aditivos de RPET
TPA y EG
110 ton

Chips de PET

Diseño — O-1 — Llegan botellas compactadas a sin compactar en camionetas

0.333 hr — O-2 — Pesar en Bascula camionetas para determinar la cantidad

0.333 hr — O-3 — Llevar a Almacén de M.P. y pasar 104 t a proceso

1 hr — O-4 — Trituración y Lavado

1 hr — O-5 — Secado

1 hr — O-6 — Calefacción del material por medio de fricción y adición del aditivo de reacción en Extruder

O-7 — Separación de EG en agua destilada

1 hr — O-8 — Separación de los plásticos no reaccionados en Reactor

O-9 — Separación del TPA y EG. El TPA se une con el aditivo de reacción

1 hr — O-10 — Filtrado y Lavado de las sustancias acidas. Separación de TPA con acido fuerte en Centrifugas

1 hr — O-11 — Cristalización del TPA en horno de microondas y almacenaje en Tanques

O-12 — Recuperación de EG y Almacena en Silos

No se fija Tiempo — I-1 — Inspección de los litros de 1000 a 30,000 litros. Obtención por sustancias materia del (70 - 73%) de TPA y del (27 - 30%) de EG

O-13 — Polimerización Extrusión y Pelletizado

I-2 — PET amorfo

O-14 — Polimerización y Cristalización

I-3 — PET cristalizado (chips) en Silos

RESUMEN			
Actividad	Cantidad	Tiempo	
Operaciones	14	7 h	
Inspecciones	3	NA	
Total	17		

En el proceso químico las máquinas más empleadas para la elaboración de la escama y sus capacidades de producción, son las siguientes:

- I equipo de trituración y lavado con capacidad de 1,000 kg/h.
- I maquina centrifuga con capacidad de 1,000 kg/h.
- I extruder y I reactor con capacidad de 1,000 kg/h.
- I sistema de microondas con capacidad de 1,000 kg/h.
- I extrusora peletizadora con capacidad de 1,000 kg/h.

$$7000\,\frac{kg}{hora}\times 9\text{ horas} = 63{,}000\,\frac{kg}{dia}\times 6\text{ dias} = 378{,}000\,\frac{kg}{semana}\times 4\text{ semanas}$$

$$= 1{,}512{,}000\,\frac{kg}{mes}\times 12\text{ meses} = \mathbf{18{,}144}\text{ \textbf{toneladas anuales}}.$$

El esquema anterior muestra que para el día de inicio de operaciones se obtendrían 3 lotes, posteriormente se ajusta en automático el programa y se obtendrían los 9 lotes, lo que justica las 63 toneladas diarias y las máquinas utilizadas.

Día	Horas del Día	Hora Entrada	Proceso	Hora Salida	Hora Entrada	Proceso	Hora Salida	Hora Entrada	Proceso	Hora Salida	Hora Entrada	Proceso	Hora Salida	Hora Entrada	Proceso	Hora Salida	Inventario del día (kg)
LUNES	8:00	8:00	Separar Etiquetas y Tapas	9:00													
	9:00	9:00	Triturado de Botellas	10:00	9:00	Separar Etiquetas y Tapas	10:00										
	10:00	10:00	Prelavado	11:00	10:00	Triturado de Botellas	11:00	10:00	Separar Etiquetas y Tapas	11:00							
	11:00	11:00	Lavado	12:00	11:00	Prelavado	12:00	11:00	Triturado de Botellas	12:00	11:00	Separar Etiquetas y Tapas	12:00				
	12:00	12:00	Secado	13:00	12:00	Lavado	13:00	12:00	Prelavado	13:00	12:00	Triturado de Botellas	13:00	12:00	Separar Etiquetas y Tapas	13:00	6000
	13:00		Lote 1: 6000 kg		13:00	Secado	14:00	13:00	Lavado	14:00	13:00	Prelavado	14:00	13:00	Triturado de Botellas	14:00	6000
	14:00					Lote 2: 6000 kg		14:00	Secado	15:00	14:00	Lavado	15:00	14:00	Prelavado	15:00	6000
	15:00								Lote 3: 6000 kg		15:00	Secado	16:00	15:00	Lavado	16:00	6000
	16:00											Lote 4: 6000 kg		16:00	Secado	17:00	0
	17:00														Lote 5: 6000 kg		

Día	Horas del Día	Hora Entrada	Proceso	Hora Salida	Hora Entrada	Proceso	Hora Salida	Hora Entrada	Proceso	Hora Salida	Hora Entrada	Proceso	Hora Salida	Hora Entrada	Proceso	Hora Salida	Inventario del día (kg)
MARTES	8:00	8:00	Separar Etiquetas y Tapas	9:00	8:00	Triturado de Botellas	9:00	8:00	Prelavado	9:00	8:00	Lavado	9:00	8:00	Secado	9:00	Lote 1: 6000 kg.
	9:00	9:00	Triturado de Botellas	10:00	9:00	Prelavado	10:00	9:00	Lavado	10:00	9:00	Secado	10:00	9:00	Separar Etiquetas y Tapas	10:00	Lote 2: 6000 kg.
	10:00	10:00	Prelavado	11:00	10:00	Lavado	11:00	10:00	Secado	11:00	10:00	Separar Etiquetas y Tapas	11:00	10:00	Triturado de Botellas	11:00	Lote 3: 6000 kg.
	11:00	11:00	Lavado	12:00	11:00	Secado	12:00	11:00	Separar Etiquetas y Tapas	12:00	11:00	Triturado de Botellas	12:00	11:00	Prelavado	12:00	Lote 4: 6000 kg.
	12:00	12:00	Secado	13:00	12:00	Separar Etiquetas y Tapas	13:00	12:00	Triturado de Botellas	13:00	12:00	Prelavado	13:00	12:00	Lavado	13:00	Lote 5: 6000 kg.
	13:00	13:00	Separar Etiquetas y Tapas	14:00	13:00	Triturado de Botellas	14:00	13:00	Prelavado	14:00	13:00	Lavado	14:00	13:00	Secado	14:00	6000
	14:00	14:00	Triturado de Botellas	15:00	14:00	Prelavado	15:00	14:00	Lavado	15:00	14:00	Secado	15:00	14:00	Separar Etiquetas y Tapas	15:00	6000
	15:00	15:00	Prelavado	16:00	15:00	Lavado	16:00	15:00	Secado	16:00	15:00	Separar Etiquetas y Tapas	16:00	15:00	Triturado de Botellas	16:00	6000
	16:00	16:00	Lavado	17:00	16:00	Secado	17:00	16:00	Separar Etiquetas y Tapas	17:00	16:00	Triturado de Botellas	17:00	16:00	Prelavado	17:00	6000
	17:00		Lote 9: 6000 kg			Lote 8: 6000 kg			Lote 7: 6000 kg			Lote 6: 6000 kg					0

Finalmente se tiene que seleccionar el proceso que más convenga a la instalación de un nuevo proyecto de reciclaje de PET. Los criterios de selección de dicho proceso se comparan en ambos procesos, como ventajas y desventajas de utilizar cada uno.

En el reciclaje mecánico la inversión es baja, la tecnología accesible, los costos operativos son bajos, el producto que se obtiene es hojuela, se requiere eliminar tapas y etiquetas de la botella, el mercado tiene amplios competidores, las utilidades obtenidas son moderadas, la capacidad de producción anual conforme lo calculado es de 15,552 toneladas, se necesita acopiar 60 toneladas diarias, el porcentaje procesado de la oferta es del 3.74%.

En el proceso de reciclaje químico, la inversión es alta, los costos operativos son moderados, el producto obtenido es resina prácticamente virgen, el mercado es mucho mayor, obtienes productos adicionales a la resina PET como son el etilenglicol y ácido tereftálico, los competidores son muy pocos, las utilidades obtenidas son altas, la capacidad de producción es de 18,144 toneladas, lo que representa el 4.36% de la oferta disponible y el número de máquinas es menor.

De los criterios anteriores, aparentemente se podría descartar al proceso químico, por su inversión inicial, sin embargo, dentro del análisis del Mercado, se podrá observar que las utilidades y el crecimiento de dichos mercados para una resina son muchísimo más amplias, que la estacionalidad de una hojuela, que para ser competitiva, tiene que ser transformada adicionalmente, en fibra de poliéster, y llegar hasta telas no tejidas dentro de la misma manufactura de la empresa, lo que relativamente se puede acercar a la inversión de obtener una resina, cuya aplicación es a todos los mercados de poliéster, razón por la cual, y con base a una visión estratégica para ser líderes en un campo poco explorado en México, se decide seleccionar al reciclaje químico, como el mejor proceso para dar a la recicladora, diferenciación, valor agregado, y competitividad.

6.8 Modelo Logístico de Localización de Planta.

Existen varios modelos para la localización de planta, algunos de ellos son: Tasa-Volumen-Distancia, Punto de Equilibrio, Evaluación por Puntos, etcétera. En la mayoría de los estudios, el método de evaluación por puntos es el más utilizado para localizar una nueva instalación. Sin embargo, desde el punto de vista logístico, existen otros modelos que pueden permitir dicha ubicación con mayor valor agregado.

Como se mostró en el cálculo de la oferta y planteando cual es el porcentaje que cada estado puede generar para el insumo de la planta, se observa que los estados con mayor oferta concentrada son 7: Distrito Federal, Estado de México, Guanajuato, Jalisco, Nuevo León, Puebla y Veracruz. Con base en este criterio se toman dichos estados para la ubicación de la Recicladora y empleando herramientas de INEGI se obtienen las coordenadas de estos estados:

• Distrito Federal	99.16	19.33
• Estado de México	99.61	19.33
• Guanajuato	100.92	20.90
• Jalisco	103.59	20.84
• Nuevo León	99.83	25.50
• Puebla	97.90	19.35
• Veracruz	96.13	19.81

El primer dato de la columna representa la coordenada x seguido de la coordenada y.

El Algoritmo Weisfeld, permite con base a iteraciones encontrar la mejor localización. El procedimiento de cálculo de este algoritmo consiste en encontrar una solución inicial basada en el método de Centro de Gravedad, y obtener una función iterativa, la cual consiste en obtener factores de corrección para ajustar estas coordenadas hasta llegar a un punto óptimo, mediante las siguientes ecuaciones:

$$X^* = \frac{\sum_{i=1}^{n} w_i a_i}{\sum_{i=1}^{n} w_i} \qquad\qquad Y^* = \frac{\sum_{i=1}^{n} w_i b_i}{\sum_{i=1}^{n} w_i}$$

Las ecuaciones anteriores representan el cálculo de la coordenada "x" y la coordenada "y". Estas fórmulas están basadas en el centro de gravedad.

$$g_{i_i}(x,y) = \frac{w_i}{\sqrt{(x - a_i)^2 + (y - b_i)^2}}$$

La fórmula anterior representa la función iterativa o mejor conocido como el factor de corrección del algoritmo Weisfeld. El objetivo es realizar infinidad de iteraciones hasta encontrar el punto óptimo.

$$X = \frac{\sum_{i=1}^{n} a_i g_i(x,y)}{\sum_{i=1}^{n} g_i(x,y)} \qquad\qquad Y = \frac{\sum_{i=1}^{n} b_i g_i(x,y)}{\sum_{i=1}^{n} g_i(x,y)}$$

Finalmente las ecuaciones anteriores reflejan el ajuste para obtener las coordenadas "x" y "y" óptimas para la ubicación de planta.

Con estas ecuaciones se obtienen las coordenadas corresponden a la latitud Norte de 19° 24′ 36′′ y la longitud Oeste de 99° 27′ 36′′. Con ayuda del Sistema Nacional de Nombres Geográficos de INEGI, se procede a buscar estas coordenadas, obteniendo que la ubicación óptima se encuentre en **Huixquilucan, Estado de México.**

Con base a que la capacidad de la empresa es de 1,512 toneladas al mes, que se logran al recibir 63 toneladas diarias. Se pretende que la empresa recolecte la mayor cantidad de PET compactado y contar con una restricción de que reciba a lo más 168 toneladas de botellas sin compactar. Además, se debe de considerar las capacidades de los vehículos, y las estrategias generales DO y FO, se realiza el diseño de la red de recolección, cuyas entradas y salidas se consideran igual en términos teóricos.

6.9 Estructura Teórica del Modelo de Transporte.

Por medio del transporte, los productos se mueven a lo largo de las diferentes etapas de la cadena de suministro. El transporte ha tenido gran impacto tanto en la capacidad de respuesta como en la eficiencia. Dos premisas fundamentales para el transporte son:

- Diseño de una red de transporte. Este es un conjunto de modos de transporte, ubicaciones y rutas que se usan para enviar un producto. Una compañía debe decidir si el transporte será directo al punto de demanda o pasará por puntos de consolidación intermedios.
- Elección de modos de transporte. Es la forma en la que el producto se mueve de un sitio a otro en la red de transporte. Las compañías escogen entre aire, camión, tren, barco y tuberías como medios de transporte. El Internet en la actualidad también es un transporte de información.

El transporte es también un factor en la creación de tiempo de utilidad, porque determina la rapidez y la forma coherente de los productos al pasar de un punto a otro lo que incrementa la satisfacción del cliente. Así mismo, hay características que influyen en la selección del tipo de transportista que se requiere. Por ejemplo:

- Asociaciones de Cargadores o Cooperativas.
- Empresas de cargadores o agentes.
- Proveedores de servicios. (Third-Party Logistics Service Providers, 3[th]PL).
- Pequeños transportistas.

Las estrategias de los transportistas y los tipos de transportistas están muy interrelacionadas. El estudio de viabilidad debe comenzar con una evaluación de la situación actual del transporte junto con las empresas sobre posibles objetivos de la expansión del mercado. Los objetivos deberían incluir una declaración de los niveles de servicio deseados, así como un examen del entorno empresarial, tales como restricciones legales y la evolución económica general. Hay tres tipos generales de costos que deben ser considerados:

- Costos asignados.
- Costos Semivariables.
- Gastos de bolsillo.

Otra forma muy importante para la toma de decisiones, y que influye bastante en el transporte es la programación lineal (PL), se menciona como una referencia de apoyo que podrá ser utilizada en el diseño de la propuesta de la cadena de suministro para evaluar diversos modelos planteados como parte de las problemáticas de este tipo de negocios.

La programación lineal trata del uso eficiente de los recursos. Es una de las técnicas matemáticas más usadas. Su aplicación puede ir desde el transporte de mercancías, la programación de grupos de trabajo y de equipo, la ubicación de plantas y la coordinación de operaciones de producción a gran escala. Para el modelo de programación lineal, se tienen que tomar en cuenta los siguientes aspectos:

- Definir las variables,
- Definir la Función Objetivo y
- Definir las Restricciones.

La estructura del modelo de transporte debe definir:

- El número de orígenes m.
- El número de destinos n.
- La cantidad que debe enviarse desde el origen u_i.
- La cantidad que deberá ser recibida en el destino v_j.
- El costo del envío desde el origen a cada destino c_{ij}.

Las variables normalmente se identifican como x_{ij} que representan la cantidad que se envía desde el origen i hasta el destino j. y deben ser variables no negativas.

$$x_{ij} \geq 0; \quad donde \quad i = 1 \ldots m; \quad j = 1 \ldots n$$

Esto implica que la dirección del envío del producto esta prefijada desde los distintos orígenes hasta los distintos destinos. Las restricciones del problema son:

$$\sum_{j=1}^{n} x_{ij} = u_i; \quad i = 1 \ldots m$$

$$\sum_{i=1}^{m} x_{ij} = v_j; \quad j = 1 \ldots n$$

El primer conjunto de condiciones indica la cantidad del producto del origen *i* que debe coincidir con la suma que parte de todos los puntos origen hasta los distintos puntos destino *j*.

El segundo conjunto asegura que el total recibido en el destino *j*, debe corresponder a la suma de todas las cantidad de producto enviados desde los puntos origen *i*.

6.10 Modelo Logístico de Recolección.

Se conoce la oferta por entidad federativa. Sin embargo, para obtener costos estimados de recorrer un punto a otro, se debe desglosar esta información por cada estado. Dentro de INEGI, se conocen cuáles son las localidades mayores a 50,000 habitantes, por lo que apoyado en la estrategia DO, la red se puede enfocar a dichas localidades. Posteriormente, se calcula el porcentaje de habitantes que existen en cada localidad con respecto del total de población del estado, esto nos permitirá conocer la oferta para cada localidad o municipio. Finalmente, con apoyo de la Secretaría de Comunicaciones y Transporte (SCT), y su sistema de Rutas Punto a Punto, se obtienen las distancias, tiempos y costos, desde la localización de planta hasta cada localidad.

Se formula el modelo matemático de programación lineal, (modelo de transporte), donde la función objetivo es minimizar costo de rutas a nivel nacional, considerando que la ubicación de la empresa de reciclaje será Huixquilucan. Además que en este modelo se especifiquen tres tipos de vehículos a manejar en el transporte, como son:

1. Camiones Roll Off, que tienen capacidad para 20 toneladas.
2. Camionetas de 3 ½ toneladas.
3. Camión con jaula remolque, con capacidad para 0.4 toneladas, estos camiones se utilizarían en radios no mayores a 100 metros de la ubicación de la empresa para transportar botellas sin compactar.

En el modelo se establece que se deben acopiar 1,512 toneladas mensuales, de las cuales 0.68 sean botellas sin compactar para mantener en almacén en la empresa. El objetivo del modelo deberá ser establecer el mínimo costo indicando a cuales localidades se deberán enviar los transportistas para cumplir con la capacidad de producción.

!Definición de Variables;

!Xij, donde i (1,2,3,4,5,6,7,8,9,10,11,12,13,14,15,16,17,18,19,20,21,22,23,24,25,26,27,28,29,30,31,32) son el tipo de ruta de origen a j(A,B,C,D,E,F,G,H,I,J,K,L,M,N,O,P,Q,R,S,T) la opción ciudad del Estado destino;

!Función Objetivo;
!Minimizar Costo de Ruta;

Min = 3951*X1A + 3406*X1B + 3884*X1C + 3951*X2A + 2314*X3A + 2053*X3B + 863*X4A + 863*X4B + 863*X4C + 863*X4D + 1036*X4E + 1436*X5A + 1737*X5B + 1436*X5C + 1436*X5D + 2118*X6A + 2185*X6B + 2159*X6C + 2118*X6D + 2098*X7A + 1920*X7B + 1920*X7C + 1483*X7D + 2420*X7E + 107*X8A + 107*X8B + 53*X8C + 106*X8D + 107*X8E + 106*X8F + 107*X8G + 107*X8H + 107*X8I + 107*X8J + 107*X8K + 107*X8L + 2098*X8M + 107*X8N + 106*X8O + 761*X9A + 1036*X9B + 1036*X9C + 323*X10A + 628*X10B + 783*X10C + 783*X10D + 998*X10E + 998*X10F + 998*X10G + 902*X10H +

1035*X10I + 998*X10J + 905*X10K + 1025*X11A + 588*X11B + 345*X11C + 1064*X11D + 201*X12A + 158*X12B + 1290*X13A + 1144*X13B + 998*X13C + 1001*X13D + 1560*X13E + 1188*X13F + 1144*X13G + 1144*X13H + 1144*X13I + 138*X14A + 138*X14B + 138*X14C + 138*X14D + 138*X14E + 63*X14F + 138*X14G + 138*X14H + 138*X14I + 149*X14J + 138*X14K + 138*X14L + 200*X14M + 138*X14N + 138*X14O + 138*X14P + 138*X14Q + 138*X14R + 138*X14S + 138*X14T + 849*X15A + 486*X15B + 1118*X15C + 640*X15D + 867*X15E + 867*X15F + 742*X15G + 867*X15H + 867*X15I + 341*X16A + 261*X16B + 261*X16C + 261*X16D + 1503*X17A + 1138*X18A + 863*X18B + 863*X18C + 863*X18D + 863*X18E + 863*X18F + 863*X18G + 1691*X19A + 1203*X19B + 1906*X19C + 858*X19D + 589*X20A + 589*X20B + 283*X20C + 343*X20D + 858*X20E + 965*X20F + 568*X21A + 568*X21B + 1995*X22A + 3218*X22B + 324*X23A + 717*X23B + 628*X23C + 628*X23D + 2728*X24A + 2398*X24B + 2728*X24C + 2034*X24D + 2528*X24E + 3054*X25A + 3015*X25B + 3112*X25C + 3165*X25D + 2918*X25E + 3294*X25F + 3356*X25G + 1925*X26A + 1925*X26B + 1925*X27A + 562*X27B + 717*X27C + 717*X27D + 1317*X27E + 1474*X27F + 1474*X27G + 562*X27H + 717*X27I + 335*X28A + 564*X28B + 1447*X29A + 1771*X29B + 1237*X29C + 796*X29D + 1771*X29E + 1148*X29F + 326*X29G + 1565*X29H + 451*X29I + 2314*X30A + 1372*X31A + 863*X31B + 1311*X31C + 1251*X32A;

!Restricciones;
!Capacidad de la Recicladora;

X1A + X1B + X1C + X2A + X3A + X3B + X4A + X4B + X4C + X4D + X4E + X5A + X5B + X5C + X5D + X6A + X6B + X6C + X6D + X7A + X7B + X7C + X7D + X7E + X8A + X8B + X8C + X8D + X8E + X8F + X8G + X8H + X8I + X8J + X8K + X8L + X8M + X8N + X8O + X9A + X9B + X9C + X10A + X10B + X10C + X10D + X10E + X10F + X10G + X10H + X10I + X10J + X10K + X11A + X11B + X11C + X11D + X12A + X12B + X13A + X13B + X13C + X13D + X13E + X13F + X13G + X13H + X13I + X14A + X14B + X14C + X14D + X14E + X14F + X14G + X14H + X14I + X14J + X14K + X14L + X14M + X14N + X14O + X14P + X14Q + X14R + X14S + X14T + X15A + X15B + X15C + X15D + X15E + X15F + X15G + X15H + X15I + X16A + X16B + X16C + X16D + X17A + X18A + X18B + X18C + X18D + X18E + X18F + X18G + X19A + X19B + X19C

+ X19D + X20A + X20B + X20C + X20D + X20E + X20F + X21A + X21B
+ X22A + X22B + X23A + X23B + X23C + X23D + X24A + X24B +
X24C + X24D + X24E + X25A + X25B + X25C + X25D + X25E + X25F +
X25G + X26A + X26B + X27A + X27B + X27C + X27D + X27E + X27F +
X27G + X27H + X27I + X28A + X28B + X29A + X29B + X29C + X29D +
X29E + X29F + X29G + X29H + X29I + X30A + X31A + X31B + X31C +
X32A = 1512000;

!Oferta de las Localidades;

X1A <= 1457521;
X1B <= 3822756;
X1C <= 7312943;
X2A <= 319318;
X3A <= 2496;
X3B <= 1602;
X4A <= 324570;
X4B <= 773722;
X4C <= 468634;
X4D <= 2090017;
X4E <= 1972687;
X5A <= 110743;
X5B <= 80398;
X5C <= 68702;
X5D <= 63847;
X6A <= 186262;
X6B <= 296783;
X6C <= 488149;
X6D <= 1130508;
X7A <= 420316;
X7B <= 3207306;
X7C <= 491248;
X7D <= 503091;
X7E <= 5203885;
X8A <= 3610646;
X8B <= 5184260;
X8C <= 1085841;
X8D <= 9971344;
X8E <= 3323868;

```
X8F <= 13459540;
X8G <= 1681029;
X8H <= 5370222;
X8I <= 2030035;
X8J <= 4383221;
X8K <= 2636314;
X8L <= 2934935;
X8M <= 4286959;
X8N <= 2890843;
X8O <= 3852545;
X9A <= 1039946;
X9B <= 504399;
X9C <= 142700;
X10A <= 249949;
X10B <= 242812;
X10C <= 1153977;
X10D <= 236627;
X10E <= 320763;
X10F <= 1373473;
X10G <= 4316690;
X10H <= 622886;
X10I <= 296040;
X10J <= 267984;
X10K <= 259091;
X11A <= 1629542;
X11B <= 339575;
X11C <= 270274;
X11D <= 149985;
X12A <= 458667;
X12B <= 191023;
X13A <= 484495;
X13B <= 9681913;
X13C <= 445958;
X13D <= 418194;
X13E <= 722379;
X13F <= 390880;
X13G <= 2577274;
X13H <= 1482524;
X13I <= 5041279;
```

X14A <= 2807260;
X14B <= 1332540;
X14C <= 637284;
X14D <= 466302;
X14E <= 2694488;
X14F <= 9567396;
X14G <= 6019372;
X14H <= 1006335;
X14I <= 968365;
X14J <= 8107041;
X14K <= 1265223;
X14L <= 1173223;
X14M <= 427839;
X14N <= 588300;
X14O <= 4652654;
X14P <= 2420808;
X14Q <= 1055344;
X14R <= 832330;
X14S <= 2635923;
X14T <= 1884941;
X15A <= 250776;
X15B <= 154164;
X15C <= 177886;
X15D <= 1429747;
X15E <= 201106;
X15F <= 160827;
X15G <= 601438;
X15H <= 338283;
X15I <= 208875;
X16A <= 320734;
X16B <= 774793;
X16C <= 311685;
X16D <= 205322;
X17A <= 165783;
X18A <= 1517999;
X18B <= 864979;
X18C <= 1248690;
X18D <= 4427014;
X18E <= 7786317;

X18F <= 3491774;
X18G <= 1440102;
X19A <= 112159;
X19B <= 437769;
X19C <= 129144;
X19D <= 139992;
X20A <= 371547;
X20B <= 5406413;
X20C <= 307560;
X20D <= 290766;
X20E <= 805667;
X20F <= 235451;
X21A <= 1775320;
X21B <= 319612;
X22A <= 462385;
X22B <= 1193318;
X23A <= 297793;
X23B <= 176900;
X23C <= 1708769;
X23D <= 428771;
X24A <= 737191;
X24B <= 1978578;
X24C <= 225370;
X24D <= 1185179;
X24E <= 219538;
X25A <= 200996;
X25B <= 896997;
X25C <= 334365;
X25D <= 1852633;
X25E <= 348601;
X25F <= 483654;
X25G <= 424907;
X26A <= 194995;
X26B <= 807542;
X27A <= 245568;
X27B <= 816419;
X27C <= 387130;
X27D <= 1545093;
X27E <= 1306515;

X27F <= 1529174;
X27G <= 357473;
X27H <= 1331023;
X27I <= 1098973;
X28A <= 65078;
X28B <= 81468;
X29A <= 1680479;
X29B <= 738813;
X29C <= 439544;
X29D <= 1078406;
X29E <= 485145;
X29F <= 380479;
X29G <= 511067;
X29H <= 179833;
X29I <= 248544;
X30A <= 1723164;
X31A <= 111029;
X31B <= 81684;
X31C <= 135601;
X32A <= 136000;

!Capacidad de la Flota;

X1A <= 20000;
X1B <= 20000;
X1C <= 20000;
X2A <= 20000;
X3A <= 20000;
X3B <= 20000;
X4A <= 20000;
X4B <= 20000;
X4C <= 20000;
X4D <= 20000;
X4E <= 20000;
X5A <= 20000;
X5B <= 20000;
X5C <= 20000;
X5D <= 20000;
X6A <= 20000;

X6B <= 20000;
X6C <= 20000;
X6D <= 20000;
X7A <= 20000;
X7B <= 20000;
X7C <= 20000;
X7D <= 20000;
X7E <= 20000;
X8A <= 3500;
X8B <= 3500;
X8C <= 3500;
X8D <= 20000;
X8E <= 3500;
X8F <= 20000;
X8G <= 3500;
X8H <= 3500;
X8I <= 3500;
X8J <= 3500;
X8K <= 3500;
X8L <= 3500;
X8M <= 3500;
X8N <= 3500;
X8O <= 20000;
X9A <= 20000;
X9B <= 20000;
X9C <= 20000;
X10A <= 40;
X10B <= 20000;
X10C <= 20000;
X10D <= 20000;
X10E <= 20000;
X10F <= 20000;
X10G <= 20000;
X10H <= 20000;
X10I <= 20000;
X10J <= 20000;
X10K <= 20000;
X11A <= 20000;
X11B <= 20000;

```
X11C <= 20000;
X11D <= 20000;
X12A <= 20000;
X12B <= 40;
X13A <= 20000;
X13B <= 20000;
X13C <= 20000;
X13D <= 20000;
X13E <= 20000;
X13F <= 20000;
X13G <= 20000;
X13H <= 20000;
X13I <= 20000;
X14A <= 40;
X14B <= 40;
X14C <= 40;
X14D <= 40;
X14E <= 40;
X14F <= 20000;
X14G <= 3500;
X14H <= 3500;
X14I <= 40;
X14J <= 20000;
X14K <= 40;
X14L <= 40;
X14M <= 40;
X14N <= 40;
X14O <= 3500;
X14P <= 3500;
X14Q <= 40;
X14R <= 40;
X14S <= 3500;
X14T <= 40;
X15A <= 20000;
X15B <= 20000;
X15C <= 20000;
X15D <= 20000;
X15E <= 20000;
X15F <= 20000;
```

X15G <= 20000;
X15H <= 20000;
X15I <= 20000;
X16A <= 20000;
X16B <= 20000;
X16C <= 20000;
X16D <= 20000;
X17A <= 20000;
X18A <= 20000;
X18B <= 20000;
X18C <= 20000;
X18D <= 20000;
X18E <= 20000;
X18F <= 20000;
X18G <= 20000;
X19A <= 20000;
X19B <= 20000;
X19C <= 20000;
X19D <= 20000;
X20A <= 20000;
X20B <= 20000;
X20C <= 40;
X20D <= 40;
X20E <= 20000;
X20F <= 20000;
X21A <= 20000;
X21B <= 20000;
X22A <= 20000;
X22B <= 20000;
X23A <= 20000;
X23B <= 20000;
X23C <= 20000;
X23D <= 20000;
X24A <= 20000;
X24B <= 20000;
X24C <= 20000;
X24D <= 20000;
X24E <= 20000;
X25A <= 20000;

```
X25B <= 20000;
X25C <= 20000;
X25D <= 20000;
X25E <= 20000;
X25F <= 20000;
X25G <= 20000;
X26A <= 20000;
X26B <= 20000;
X27A <= 20000;
X27B <= 20000;
X27C <= 20000;
X27D <= 20000;
X27E <= 20000;
X27F <= 20000;
X27G <= 20000;
X27H <= 20000;
X27I <= 20000;
X28A <= 20000;
X28B <= 20000;
X29A <= 20000;
X29B <= 20000;
X29C <= 20000;
X29D <= 20000;
X29E <= 20000;
X29F <= 20000;
X29G <= 20000;
X29H <= 20000;
X29I <= 20000;
X30A <= 20000;
X31A <= 20000;
X31B <= 20000;
X31C <= 20000;
X32A <= 20000;
```

!Botella Sin Compactar;

```
X10A + X12B + X14A + X14B + X14C + X14D + X14E + X14I + X14K
+ X14L + X14M + X14N + X14Q + X14R + X14T + X20C + X20D <=
168000;
```

El modelo anterior se corre en un paquete de cómputo, como puede ser Solver de Excel o Lingo. El resultado es que el costo de recorrer desde la localización de planta a la localidad destino es de $56,666, por lo que se logra el objetivo de recolección al mínimo costo planteado en el modelo.

Origen	Estado	Destino	Tipo de Vehículo	Tipo de Producto	Capacidad del Vehículo (Kg)	Costo
Huixquilucan	Coahuila de Zaragoza	Ciudad Acuña	Camiones Roll Off	Compactado	20000	$863.00
Huixquilucan	Coahuila de Zaragoza	Monclova	Camiones Roll Off	Compactado	20000	$863.00
Huixquilucan	Coahuila de Zaragoza	Piedras Negras	Camiones Roll Off	Compactado	20000	$863.00
Huixquilucan	Coahuila de Zaragoza	Saltillo	Camiones Roll Off	Compactado	20000	$863.00
Huixquilucan	Coahuila de Zaragoza	Torreón	Camiones Roll Off	Compactado	20000	$1,036.00
Huixquilucan	Distrito Federal	Azcapotzalco	Camioneta de 3.5	Compactado	3500	$107.00
Huixquilucan	Distrito Federal	Coyoacán	Camioneta de 3.5	Compactado	3500	$107.00
Huixquilucan	Distrito Federal	Cuajimalpa de Morelos	Camioneta de 3.5	Compactado	3500	$53.00
Huixquilucan	Distrito Federal	Gustavo A. Madero	Camiones Roll Off	Compactado	20000	$106.00
Huixquilucan	Distrito Federal	Iztacalco	Camioneta de 3.5	Compactado	3500	$107.00
Huixquilucan	Distrito Federal	Iztapalapa	Camiones Roll Off	Compactado	20000	$106.00
Huixquilucan	Distrito Federal	Magdalena Contreras	Camioneta de 3.5	Compactado	3500	$107.00
Huixquilucan	Distrito Federal	Álvaro Obregón	Camioneta de 3.5	Compactado	3500	$107.00
Huixquilucan	Distrito Federal	Tláhuac	Camioneta de 3.5	Compactado	3500	$107.00
Huixquilucan	Distrito Federal	Tlalpan	Camioneta de 3.5	Compactado	3500	$107.00
Huixquilucan	Distrito Federal	Xochimilco	Camioneta de 3.5	Compactado	3500	$107.00
Huixquilucan	Distrito Federal	Benito Juárez	Camioneta de 3.5	Compactado	3500	$107.00
Huixquilucan	Distrito Federal	Miguel Hidalgo	Camioneta de 3.5	Compactado	3500	$107.00
Huixquilucan	Distrito Federal	Venustiano Carranza	Camiones Roll Off	Compactado	20000	$106.00
Huixquilucan	Durango	Victoria de Durango	Camiones Roll Off	Compactado	20000	$761.00
Huixquilucan	Durango	Gómez Palacio	Camiones Roll Off	Compactado	20000	$1,036.00

Origen	Estado	Destino	Tipo de Vehículo	Tipo de Producto	Capacidad del Vehículo (Kg)	Costo
Huixquilucan	Durango	Ciudad Lerdo	Camiones Roll Off	Compactado	20000	$1,036.00
Huixquilucan	Guanajuato	Acámbaro	Remolque tipo Jaula	Sin Compactar	40	$323.00
Huixquilucan	Guanajuato	San Miguel de Allende	Camiones Roll Off	Compactado	20000	$628.00
Huixquilucan	Guanajuato	Celaya	Camiones Roll Off	Compactado	20000	$783.00
Huixquilucan	Guanajuato	Cortázar	Camiones Roll Off	Compactado	20000	$783.00
Huixquilucan	Guanajuato	Guanajuato	Camiones Roll Off	Compactado	20000	$998.00
Huixquilucan	Guanajuato	Irapuato	Camiones Roll Off	Compactado	20000	$998.00
Huixquilucan	Guanajuato	León de los Aldama	Camiones Roll Off	Compactado	20000	$998.00
Huixquilucan	Guanajuato	Salamanca	Camiones Roll Off	Compactado	20000	$902.00
Huixquilucan	Guanajuato	San Francisco del Rincón	Camiones Roll Off	Compactado	20000	$1,035.00
Huixquilucan	Guanajuato	Silao	Camiones Roll Off	Compactado	20000	$998.00
Huixquilucan	Guanajuato	Valle de Santiago	Camiones Roll Off	Compactado	20000	$905.00
Huixquilucan	Guerrero	Acapulco de Juárez	Camiones Roll Off	Compactado	20000	$1,025.00
Huixquilucan	Guerrero	Chilpancingo de los Bravo	Camiones Roll Off	Compactado	20000	$588.00
Huixquilucan	Guerrero	Iguala de la Independencia	Camiones Roll Off	Compactado	20000	$345.00
Huixquilucan	Guerrero	Zihuatanejo	Camiones Roll Off	Compactado	20000	$1,064.00
Huixquilucan	Hidalgo	Pachuca de Soto	Camiones Roll Off	Compactado	20000	$201.00
Huixquilucan	Hidalgo	Tulancingo	Remolque tipo Jaula	Sin Compactar	40	$158.00
Huixquilucan	Jalisco	Lagos de Moreno	Camiones Roll Off	Compactado	20000	$998.00
Huixquilucan	Jalisco	Ocotlán	Camiones Roll Off	Compactado	20000	$1,001.00
Huixquilucan	Jalisco	Zapopan	Camiones Roll Off	Compactado	15320	$1,144.00
Huixquilucan	México	Ciudad López Mateos	Remolque tipo Jaula	Sin Compactar	40	$138.00
Huixquilucan	México	San Francisco Coacalco	Remolque tipo Jaula	Sin Compactar	40	$138.00
Huixquilucan	México	Chalco de Díaz Covarrubias	Remolque tipo Jaula	Sin Compactar	40	$138.00
Huixquilucan	México	Chicoloapan de Juárez	Remolque tipo Jaula	Sin Compactar	40	$138.00

Origen	Estado	Destino	Tipo de Vehículo	Tipo de Producto	Capacidad del Vehículo (Kg)	Costo
Huixquilucan	México	Chimalhuacán	Remolque tipo Jaula	Sin Compactar	40	$138.00
Huixquilucan	México	Ecatepec de Morelos	Camiones Roll Off	Compactado	20000	$63.00
Huixquilucan	México	Naucalpan de Juárez	Camioneta de 3.5	Compactado	3500	$138.00
Huixquilucan	México	Ixtapaluca	Camioneta de 3.5	Compactado	3500	$138.00
Huixquilucan	México	Metepec	Remolque tipo Jaula	Sin Compactar	40	$138.00
Huixquilucan	México	Ciudad Nezahualcóyotl	Camiones Roll Off	Compactado	20000	$149.00
Huixquilucan	México	Ciudad Nicolás Romero	Remolque tipo Jaula	Sin Compactar	40	$138.00
Huixquilucan	México	Los Reyes Acaquilpan	Remolque tipo Jaula	Sin Compactar	40	$138.00
Huixquilucan	México	Ojo de Agua	Remolque tipo Jaula	Sin Compactar	40	$200.00
Huixquilucan	México	Texcoco de Mora	Remolque tipo Jaula	Sin Compactar	40	$138.00
Huixquilucan	México	Tlalnepantla	Camioneta de 3.5	Compactado	3500	$138.00
Huixquilucan	México	Toluca de Lerdo	Camioneta de 3.5	Compactado	3500	$138.00
Huixquilucan	México	Buenavista	Remolque tipo Jaula	Sin Compactar	40	$138.00
Huixquilucan	México	San Pablo de las Salinas	Remolque tipo Jaula	Sin Compactar	40	$138.00
Huixquilucan	México	Cuautitlán Izcalli	Camioneta de 3.5	Compactado	3500	$138.00
Huixquilucan	México	Xico	Remolque tipo Jaula	Sin Compactar	40	$138.00
Huixquilucan	Michoacán de Ocampo	Apatzingán de la Constitución	Camiones Roll Off	Compactado	20000	$849.00
Huixquilucan	Michoacán de Ocampo	Ciudad Hidalgo	Camiones Roll Off	Compactado	20000	$486.00
Huixquilucan	Michoacán de Ocampo	Ciudad Lázaro Cárdenas	Camiones Roll Off	Compactado	20000	$1,118.00
Huixquilucan	Michoacán de Ocampo	Morelia	Camiones Roll Off	Compactado	20000	$640.00
Huixquilucan	Michoacán de Ocampo	La Piedad de Cabadas	Camiones Roll Off	Compactado	20000	$867.00
Huixquilucan	Michoacán de Ocampo	Sahuayo de Morelos	Camiones Roll Off	Compactado	20000	$867.00
Huixquilucan	Michoacán de Ocampo	Uruapan	Camiones Roll Off	Compactado	20000	$742.00
Huixquilucan	Michoacán de Ocampo	Zamora de Hidalgo	Camiones Roll Off	Compactado	20000	$867.00
Huixquilucan	Michoacán de Ocampo	Heroica Zitácuaro	Camiones Roll Off	Compactado	20000	$867.00

Origen	Estado	Destino	Tipo de Vehículo	Tipo de Producto	Capacidad del Vehículo (Kg)	Costo
Huixquilucan	Morelos	Cuautla	Camiones Roll Off	Compactado	20000	$341.00
Huixquilucan	Morelos	Cuernavaca	Camiones Roll Off	Compactado	20000	$261.00
Huixquilucan	Morelos	Juitepec	Camiones Roll Off	Compactado	20000	$261.00
Huixquilucan	Morelos	Temixco	Camiones Roll Off	Compactado	20000	$261.00
Huixquilucan	Nuevo León	Ciudad Apodaca	Camiones Roll Off	Compactado	20000	$1,138.00
Huixquilucan	Nuevo León	San Pedro Garza García	Camiones Roll Off	Compactado	20000	$863.00
Huixquilucan	Nuevo León	Ciudad General Escobedo	Camiones Roll Off	Compactado	20000	$863.00
Huixquilucan	Nuevo León	Guadalupe	Camiones Roll Off	Compactado	20000	$863.00
Huixquilucan	Nuevo León	Monterrey	Camiones Roll Off	Compactado	20000	$863.00
Huixquilucan	Nuevo León	San Nicolás de los Garza	Camiones Roll Off	Compactado	20000	$863.00
Huixquilucan	Nuevo León	Ciudad Santa Catarina	Camiones Roll Off	Compactado	20000	$863.00
Huixquilucan	Oaxaca	San Juan Bautista Tuxtepec	Camiones Roll Off	Compactado	20000	$858.00
Huixquilucan	Puebla	Atlixco	Camiones Roll Off	Compactado	20000	$589.00
Huixquilucan	Puebla	Heroica Puebla de Zaragoza	Camiones Roll Off	Compactado	20000	$589.00
Huixquilucan	Puebla	San Martín Texmelucan de Labastida	Remolque tipo Jaula	Sin Compactar	40	$283.00
Huixquilucan	Puebla	Cholula de Rivadabia	Remolque tipo Jaula	Sin Compactar	40	$343.00
Huixquilucan	Puebla	Tehuacán	Camiones Roll Off	Compactado	20000	$858.00
Huixquilucan	Puebla	Teziutlán	Camiones Roll Off	Compactado	20000	$965.00
Huixquilucan	Querétaro Arteaga	Santiago de Querétaro	Camiones Roll Off	Compactado	20000	$568.00
Huixquilucan	Querétaro Arteaga	San Juan del Río	Camiones Roll Off	Compactado	20000	$568.00
Huixquilucan	San Luis Potosí	Ciudad Valles	Camiones Roll Off	Compactado	20000	$324.00
Huixquilucan	San Luis Potosí	Matehuala	Camiones Roll Off	Compactado	20000	$717.00
Huixquilucan	San Luis Potosí	San Luis Potosí	Camiones Roll Off	Compactado	20000	$628.00
Huixquilucan	San Luis Potosí	Soledad de Graciano Sánchez	Camiones Roll Off	Compactado	20000	$628.00
Huixquilucan	Tamaulipas	Ciudad Madero	Camiones Roll Off	Compactado	20000	$562.00

Origen	Estado	Destino	Tipo de Vehículo	Tipo de Producto	Capacidad del Vehículo (Kg)	Costo
Huixquilucan	Tamaulipas	Ciudad Mante	Camiones Roll Off	Compactado	20000	$717.00
Huixquilucan	Tamaulipas	Heroica Matamoros	Camiones Roll Off	Compactado	20000	$717.00
Huixquilucan	Tamaulipas	Tampico	Camiones Roll Off	Compactado	20000	$562.00
Huixquilucan	Tamaulipas	Ciudad Victoria	Camiones Roll Off	Compactado	20000	$717.00
Huixquilucan	Tlaxcala	Apizaco	Camiones Roll Off	Compactado	20000	$335.00
Huixquilucan	Tlaxcala	Tlaxcala de Xicohténcatl	Camiones Roll Off	Compactado	20000	$564.00
Huixquilucan	Veracruz de Ignacio de la Llave	Xalapa Enríquez	Camiones Roll Off	Compactado	20000	$796.00
Huixquilucan	Veracruz de Ignacio de la Llave	Poza Rica de Hidalgo	Camiones Roll Off	Compactado	20000	$326.00
Huixquilucan	Veracruz de Ignacio de la Llave	Túxpam de Rodríguez Cano	Camiones Roll Off	Compactado	20000	$451.00
Huixquilucan	Zacatecas	Guadalupe	Camiones Roll Off	Compactado	20000	$863.00
Total de Viajes en Camiones Roll Off	73		**Kg. Compactados**		1,511,320	$53,703
Total de Viajes en Camionetas de 3.5	16		**Kg. Sin Compactar**		680	$2,963
Total de Viajes en Remolques Tipo Jaula	17		**Total de kg.**		1,512,000	$56,666

Tabla 1.6 Localidades origen y destino para la recolección de botellas PET. Elaboración Propia.

Con ayuda del modelo también se puede justificar la adquisición de la flota vehicular.

La presentación del producto es la venta a granel de pellets de RPET químico, estos pellets pueden ser almacenados en costales, contemplando que la hojuela mecánica es almacenada en costales con un contenido que varía en un rango de 800 a 850 kg, (ejemplo de esto se da en la empresa Tecnología de Reciclaje), una presentación que puede considerarse dentro de la Recicladora, es la de almacenar pellets en costales de 900 kg, en promedio para su venta. Sin embargo, existe otra ventaja al utilizar el proceso químico dentro de la Recicladora, y esta es la obtención de las sustancias acidas como son:

Acido Tereftálico y Etilenglicol, utilizados en las Industrias Químicas para la fabricación de Resinas. Cabe mencionar, que dichas sustancias no son el objetivo principal al que se enfoca la Recicladora, pero existe como una alternativa de venta a granel para el Mercado que lo requiera.

6.11 Modelo de Negocio de la Empresa de Reciclaje.

Con las opciones de venta anteriormente descritas, se tienen dos opciones de distribución, proveedores que se encarguen de la distribución de los pellets y posibles proveedores que pueden ser contratados bajo los términos de contratos de prestación de servicios, dichos contratos son utilizados en la actualidad por cualquier empresa que desee obtener una rentabilidad al prestar servicios determinados a un cliente especifico, en este caso, como la venta de sustancias ácidas no es el producto de manufactura principal al que se enfoca la Recicladora, sino la obtención de un pre-producto para llegar al producto final, se tendría que analizar con el cliente la cantidad requerida a comprar y fijar un compromiso en términos anuales para que exista una rentabilidad para ambas partes. Por lo que en dichos contratos, se puede establecer si se usarán a proveedores externos contratados por parte del Cliente, o si el Cliente con su propia flotilla enviara a la localización de la Recicladora por el producto.

El modelo de negocio de la empresa de reciclaje básicamente consiste en recolectar botellas compactadas y sin compactar de PET, para procesarlas a un reciclaje químico, obteniendo como producto final pellets de alta calidad que se emplean en todo tipo de sector industrial de transformación de plásticos. Los clientes pueden ser empresas del sector textil, pero principalmente se enfocaran a empresas de envase y embalaje. Los recursos claves con los que contara la empresa serán la gestión adecuada de su propia red logística de recolección basada en las estrategias FODA, y el proceso químico.

Debido a que la industria en la actualidad está creciendo en su mercado, así como, en la demanda de insumos reciclables debido a las legislaciones municipales, estatales y nacionales. Esto complica los parámetros para establecer un modelo de distribución, ya que va a variar conforme en la ubicación del cliente, y si éste es Cliente Nacional o Extranjero. Así mismo, los costos de distribución, van a variar conforme la localidad destino del Cliente. A diferencia del Modelo de Recolección, donde se contempla que la Oferta se da en las localidades con poblaciones grandes, ya que los sitios de disposición final no cambian de lugar.

En un modelo de distribución, enfocado a un proyecto de propuesta de instalación de una Recicladora, se desconocen los puntos exactos de venta. Por lo que sólo se pueden establecer parámetros supuestos de la operación. Sin embargo, la estructura del modelo será similar a la planteada en el modelo de recolección una vez que se conozcan los clientes.

Conclusiones

El presente libro ha mostrado las características principales de la industria del reciclaje de PET en México. La información que se obtuvo dentro de la investigación, permitió establecer parámetros importantes para la creación y selección de estrategias que deben considerarse en la creación de instalación de un proyecto. El cálculo de la oferta ayudó a presentar las entidades donde la recicladora puede controlar el insumo y establecer estrategias que permitan posicionarse en el mercado a mediano plazo y no apoyarse en organismos que pueden perjudicar al crecimiento del negocio por intereses de competidores ya posicionados. El modelo de recolección, permite identificar las capacidades de flota propia, los distintos puntos de oferta y el costo mínimo de operación mensual, todo justificado en las estrategias obtenidas con las herramientas de planeación estratégica. El método utilizado para la localización de planta, permite mostrar una ubicación más adecuada de lo que se pudo haber obtenido con el método tradicional de evaluación por puntos, donde los factores de ponderación son subjetivos dentro del planteamiento del mismo método.

El proceso químico, a pesar de sus costos de operación, tiene una mayor diversificación dentro del campo de producción a comparación del producto obtenido en el proceso mecánico. Con miras a un crecimiento de mercado y competir en el mismo, las ventajas competitivas para la creación de un nuevo negocio de este tipo de industria ya no se pueden obtener del proceso mecánico. Hoy en día, existen distintas aplicaciones y metodologías de procesos químicos que pueden garantizar una mayor explotación del insumo y a la postre permitir una reducción de costos significativa dentro del proceso de operación del negocio. Con todo lo anterior, se logra diferenciar el presente estudio de investigación de las distintas líneas temáticas y desarrollo de propuestas realizadas por otras instituciones e investigadores en México. No solo por el valor agregado que se maneja en el estudio con los modelos planteados y herramientas utilizadas, sino para abrir un interés mayor a todo aquel lector hacia la industria del reciclaje y la preocupación del entorno ambiental así como de la creación de nuevos negocios ambientales.

Bibliografía

- Ahmad, I., Abu Bakar, D., & Ram, A. (2007). Direct Usage of Products of Poly ethylene terephthalate, Glycolysis for Manufacturing of Rice Husk/Unsaturated Polyester Composite. 233-239.
- Almagro Vázquez, F. (2009). *Cuentas Ecológicas y Desarrollo Sustentable*. México D.F.: Publicaciones Instituto Politécnico Nacional.
- Araujo Arévalo, D. (2012). *Proyectos de Inversión, Análisis, Formulación y Evaluación Práctica*. México D.F.: Trillas.
- Asociación Nacional de Bebidas Refrescantes, ANBER. (2013). Recuperado el 20 de Agosto de 2013, de http://www.anber.cl/inicio/q_somos_importa_industria.php
- Asociación Nacional de la Industria del Plástico (ANIPAC). (2012). *Portal Principal*. Recuperado el 10 de Agosto de 2012, de http://www.anipac.com.mx/int.php?id=1&nuevo_mes=08&nuevo_ano=2012
- B. Chase, R., F. Robert, J., & Nicholas J., A. (2004). *Administración de la Producción y Operaciones para una Ventaja Competitiva* (Décima ed.). México: McGraw-Hill.
- Ballou, R. (2004). *Logística, Administración de la Cadena de Suministro* (Quinta edición ed.). México: Prentice Hall.
- Bazaraa, M. (1998). *Programación Lineal y Flujo en Redes*. Limusa.
- Black, S. (1996). *Principios de Ingeniería de Manufactura*. Cecsa.
- Bolsa Mexicana de Valores. (02 de Marzo de 2012). *IPC Sustentable: incentivo de la responsabilidad social*. Recuperado el 20 de Agosto de 2013, de http://www.ipcsustentable.com/2012/03/ipc-sustentable-incentivo-de-la-responsabilidad-social/
- Chase, R., Jacobs, R., & Alquilano, N. (2004). *Admiistración de la Producción y Operaciones para una ventaja competitiva* (Décima Edición ed.). México: McGraw-Hill.
- Chopra, S., & Meindll, P. (2008). *Administración de la Cadena de Suministro, Estrategia, Planeación y Operación* (Tercera Edición ed.). México: Prentice Hall.

- CICEANA A.C. (s.f.). *Reciclaje de PET*. Recuperado el 20 de Agosto de 2013, de http://www.ciceana.org.mx/contenido.php?cont=407
- Conde, M. (2004). Mercado de la Industria del Plástico. *Revista Ambiente Plástico*.
- Conde, M. (2007). Envases PET. Un juego de grandes ligas. *Revista Ambiente Plástico*.
- Conde, M. (2007). PET, el súper envase se impone. *Revista Ambiente Plástico*.
- Definición.De. (2012). *Sustentable*. Recuperado el 22 de Agosto de 2012, de http://definicion.de/sustentable/
- Díaz Bautista, A. (Febrero de 2008). *DELOS: Desarrollo Local Sostenible*. Recuperado el 10 de Diciembre de 2012, de http://www.eumed.net/rev/delos/01/adb.htm
- Duran Flores, U. H. (2010). *Tesis, Diseño Estratégico de la Cadena de Suministro de una Recicladora de PET en México*. D.F.: IPN.
- Ecología y Compromiso Empresarial. (2007). *ECOCE. Portal Principal*. Recuperado el 07 de Marzo de 2011, de www.ecoce.org.mx
- El Financiero. (26 de Mayo de 2012). *Reducir informalidad será reto de nuevo gobierno: OIT*. Recuperado el 26 de Mayo de 2012, de http://www.elfinanciero.com.mx/index.php?option=com_k2&view=item&id=22005&Itemid=26
- El Universal. (29 de Noviembre de 2011). *Bajo tierra, el Negocio del Reciclaje de PET*. Recuperado el 22 de Agosto de 2013, de http://www.eluniversal.com.mx/notas/812230.html
- Etcétera.com. (08 de Abril de 2013). *México, 3er lugar en consumo de refrescos en el mundo*. Recuperado el 20 de Agosto de 2013, de http://www.etcetera.com.mx/articulo.php?articulo=18445
- Fondo PYME. (s.f.). *Fondo PYME*. Recuperado el 19 de Agosto de 2013, de http://www.fondopyme.gob.mx/index_b.asp
- Foro Nuclear. (2012). *Protocolo de Kioto*. Recuperado el 10 de Diciembre de 2012, de http://www.foronuclear.org/minisite/energia2012/cap.9/09.01.htm
- García Olivares, A. (2006). *EUMED Libros*. Recuperado el 03 de Abril de 2008, de www.eumed.net/libros/2006a/aago/index.htm.
- García Olivares, A. A. (2006). *Recomendaciones táctico-operativas para implementar un programa de logística inversa. Estudio de caso en la industria del reciclaje de plásticos*. Recuperado el 03 de 04 de 2008, de http://www.eumed.net/libros/2006a/aago/index.htm

*   Heizer, J., & Render, B. (2005). *Dirección de la Producción, Decisiones Tácticas* (Sexta Edición ed.). México: Prentice Hall.
*   Hernández Luna, H. (2010). *Transformaci{on y Reciclado de Polímeros.* México D.F.: Instituto Politecnico Nacional.
*   Hodson, W. (1998). *Maynard, Manual del Ingeniero Industrial* (Cuarta Edición ed., Vol. Tomo IV). México: McGraw Hill.
*   Inbursa. (s.f.). *Cadenas Productivas.* Recuperado el 20 de Agosto de 2013, de http://www.inbursa.com/morales/PrCre/PrCreCadPro.html
*   INEGI. (2013). *Encuesta Mensual de la Industria Manufacturera.* Recuperado el 21 de Agosto de 2013, de bit.ly/RCmVQR
*   Instituto Nacional de Estadística y Geografía. (2012). *Encuesta Nacional de Ocupación y Empleo (ENOE).* Recuperado el 20 de Abril de 2012, de http://www.inegi.org.mx/sistemas/olap/proyectos/bd/consulta.asp?p= 27608&c=27221&s=est&cl=4
*   Instituto Nacional de Estadística y Geografía. (11 de Mayo de 2012). *Encuesta Nacional de Ocupación y Empleo (ENOE).* Recuperado el 26 de Mayo de 2012, de http://www.inegi.org.mx/Sistemas/temasV2/Default.aspx?s=est&c=26055&ent=09&e=09&t=1
*   L. Berenson, M., & M. Levine, D. (1999). *Estadistica Basica en Administracion, conceptos y Aplicaciones* (Sexta ed.). México: Prentice-Hall.
*   Lambert, D., & Cooper, M. (1998). *Supply Chain Management.* USA.
*   Meredith, J. (1999). *Administración de la Operaciones, un enfásis conceptual* (Segunda edición ed.). México: Limusa.
*   Mitre Salazar, G. (2007). *Reciclaje de plásticos: Retos y oportunidades.* Obtenido de http://www.umne.edu.mx/rev96/reciclaje.htm
*   Nacional Financiera. (s.f.). *Cadenas Productivas.* Recuperado el 21 de Agosto de 2013, de http://www.nafin.com/portalnf/content/home/cadenas-productivas.html
*   Niebel, B. (2004). *Ingenieria Industrial, Métodos, estándares y diseño del trabajo* (11a ed.). Alfaomega.
*   Osterwalder, A. (25 de Octubre de 2010). *Canvas de Osterwalder.* Recuperado el 20 de Octubre de 2012, de http://es.wikipedia.org/wiki/Canvas_de_Osterwalder
*   Pérez López, I., & Montes de Oca Morán, R. (2004). *Manual de Manufactura Industrial I.* México: UPIICSA-IPN.
*   Procuraduria Federal del Consumidor. (23 de Marzo de 2009). *Brújula de compra. Refrescos embotellados. Comparativo de precios.*

Recuperado el 20 de Agosto de 2013, de http://www.profeco.gob.mx/encuesta/brujula/bruj_2009/bol116_refrescos.asp

- Promotora Ambiental PASA S.A. de C.V. (2008). *Portal Principal*. Recuperado el 18 de Septiembre de 2008, de http://www.gen.tv/dir_pet.html
- Quijada, R. (2008). Las inclemencias del tiempo, la crisis de Estados Unidos y los precios de los plásticos. *Revista Ambiente Plástico*.
- RECIMEX. (15 de Abril de 2013). *Baja en los precios del plástico para reciclaje por Operación Valla Verde*. Recuperado el 23 de Agosto de 2013, de http://www.recimex.com.mx/blog/?p=169
- RECIMEX. (12 de Abril de 2013). *Precios de plásticos reciclados (04/2013)*. Recuperado el 23 de Agosto de 2013, de http://www.recimex.com.mx/blog/?p=153
- RECIMEX. (21 de Marzo de 2013). *Reciclaje de plásticos e impuestos*. Recuperado el 23 de Agosto de 2013, de http://www.recimex.com.mx/blog/?p=104
- Revista Énfasis Packaging Online. (2009). *Disminuye demanda mundial del PET*. Recuperado el 12 de Julio de 2009, de http://www.packaging.enfasis.com/notas/11230-Disminuye-demanda-mundial-del-PET
- Revista La Nación. (2009). *Productos desechados de plástico y PET se convierten en placas, bloques y viguetas*. Recuperado el 12 de Julio de 2009, de http://www.eco2site.com/news/arqui.asp
- Revista Vanguardia. (2009). *Consume industrial alimentaria 75% de produccion nacional de envases*. Recuperado el 12 de Julio de 2009, de http://www.vanguardia.com.mx/XStatic/vanguardia/template/content.aspx?se=nota&id=2488
- Rivera González, I., Cristóbal Vázquez, I., & Aguilar Fernández, M. (2011). *Administración de la Cadena de Suministros, Diseño y Aplicación de Modelos en Empresas Mexicanas*. México D.F.: Instituto Politecnico Nacional.
- Robles Martínez, F. (2008). *Generación de Biogás y Lixiviados en los Rellenos Sanitarios*. México D.F.: Publicaciones Instituto Politécnico Nacional.
- Rodríguez de Rivera, J. (1999). El Desarrollo funcional de la Calidad en el sistema de Management del Valor. *Departamento de Ciencias Empresariales - Universidad de Alcalá*.
- Romero Rodríguez, B. (2003). El Análisis del Ciclo de Vida y la Gestión Ambiental. *Boletín IIE, julio-septiembre del 2003*.
- Schwansee, E. (2007). Basura de PET. *Revista Ambiente Plástico*.

- Secretaría de Medio Ambiente del Distrito Federal. (2008). *Portal Principal.* Recuperado el 03 de Abril de 2008, de http: //www.sma.df.gob.mx/rsolidos/index.htm.
- Sosa, A. (2008). *Revista Énfasis Logística.* Recuperado el 11 de Abril de 2008, de Manejo de inventarios en busca de una logística verde: www.enfasis.com/logistica
- Stock, J., & Lambert, D. (2001). *Strategic Logistics Management* (Cuarta edición ed.). New York, USA: McGraw-Hill.
- Taha, H. (1995). *Investigación de Operaciones* (Quinta Edición ed.). México D.F.: Alfaomega.